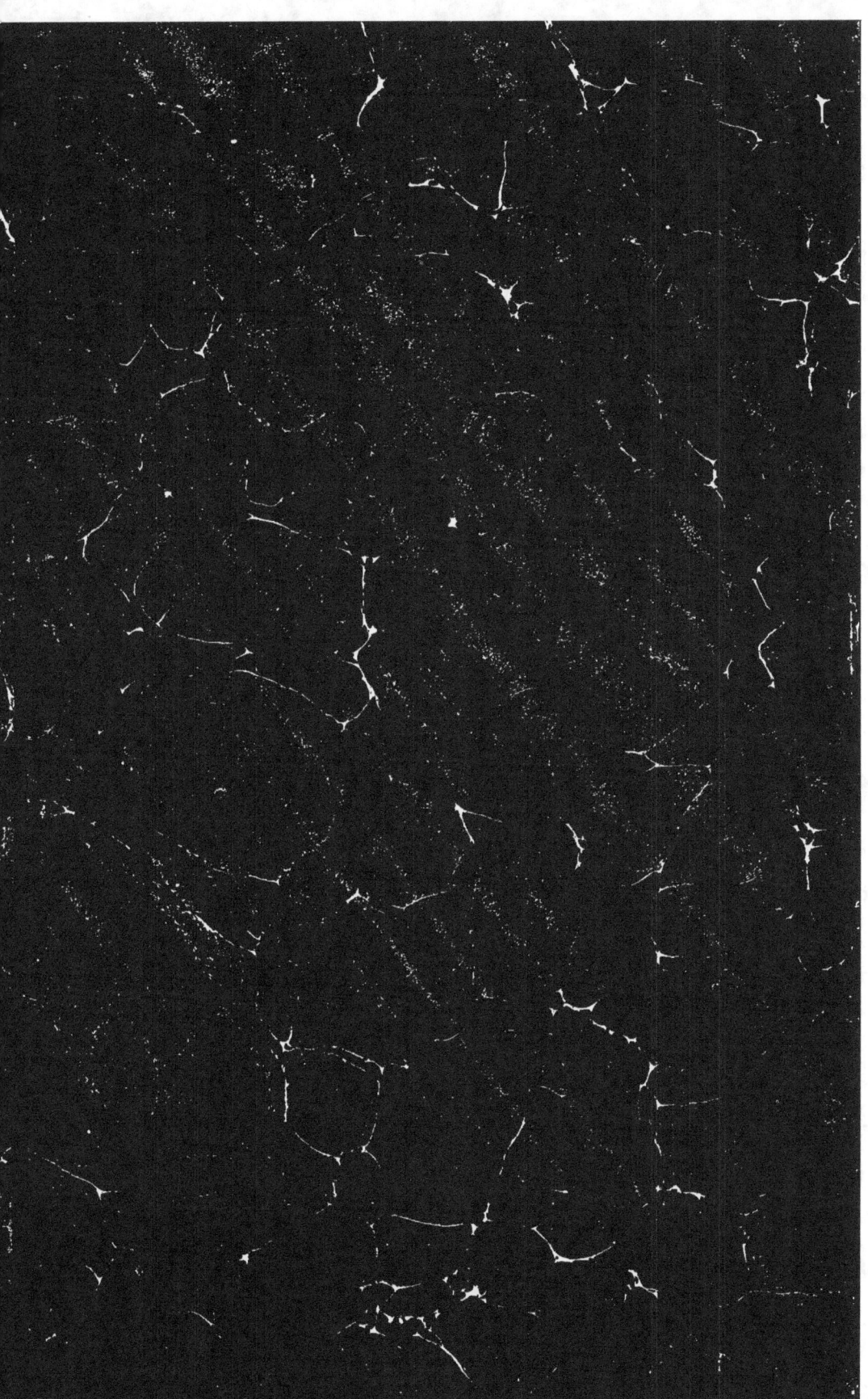

V.2643. (L'Atlas en f.° V.2643.)
+A.1.   +A.2.

23931

DU PRINCIPE SECRET

DES

ARTISTES ANTIQUES

DU PRINCIPE SECRET

DES

ARTISTES ANTIQUES

POUR

LA POSE, LES ATTITUDES, LE DRAPER

ET

LE GROUPER DES FIGURES

THÉORIE GÉOMÉTRIQUE

Appuyée sur plus de huit cents monuments antiques et démontrée dans une suite de planches annotées

PAR M. L'ABBÉ COMTE DE ROBIANO

Avec atlas

BRUXELLES

WOUTERS FRÈRES, IMPRIMEURS-LIBRAIRES

8, RUE D'ASSAUT

1846

PRÉFACE.

Les écrivains de l'Antiquité, même ceux qui, comme Pline et Vitruve, se sont le plus particulièrement occupés des productions de l'art chez ces peuples si polis, si cultivés ; ne nous ont absolument rien appris des lois que ces admirables artistes observaient dans l'exécution de leurs immortels ouvrages.

On est cependant porté à croire que des préceptes étaient transmis dans leurs écoles ; et la constante reproduction de certains types idéaux ou idéalisés l'a fait croire à beaucoup de critiques et de savants. Ce fait qui donnait à penser qu'ainsi que plus tard dans les écoles du moyen âge, nous voyons se conserver sous la religion du serment et par un esprit de corps tout particulier, des secrets malheureusement perdus aujourd'hui, et infiniment regrettables ; de même cet esprit aurait présidé aux corporations moins explorées de la plus haute antiquité : rappelant d'assez près les initiations de leurs temples ; comme dans les siècles plus rapprochés de nous ; ils semblent se confondre avec les épreuves et les symboles cabalistiques des Rose-Croix, des alchimistes et peut-être aussi des architectes *du gothique* : retrouvés en partie de nos jours, dans les loges de la franc-maçonnerie, et les restes fumants des maisons des templiers.

La découverte qui fait le sujet du petit ouvrage que nous livrons au public, viendra peut-être aussi confirmer ce soupçon : en montrant par toute l'antiquité, dans tous les pays qui en conservèrent quelques vestiges, la même loi fidèlement observée : à Rome, à Memphis et à Thèbes ; dans la Grèce, comme en Étrurie ; à Balbek, à Persépolis et à la belle Palmyre. On la retrouvera dans les colonnes et l'architecture ; dans les statues et les bas-reliefs ; dans les tableaux, les pierres gravées, les médailles ; en un mot, nous le disions, partout.

Et chose surprenante, ces lois si admirablement élégantes et gracieuses dans leur application, sont éminemment géométriques ! Aussi mon ouvrage, développement régulier de ce principe d'unité si rigoureux, ne vient pas solliciter l'indulgence, ni mendier une hâtive approbation. Les sciences, dites exactes, n'ont point coutume de mettre en œuvre ces manières souvent hypocrites, et de toute façon fort peu en harmonie avec cette évidence compagne d'irréfragables démonstrations. « Ayez des yeux, comptez !... » semblent vous dire orgueilleusement le géomètre et l'algébriste : « Je n'ai,
» moi, besoin que d'être clair, suivi et sans lacune ; sur ces qualités
» seules peuvent tomber votre critique ou vos éloges ; le reste ap-
» partient à l'immuable : il n'a que faire de votre acquiescement, ni
» de la sanction commune ; sa connaissance vous honore, son intel-
» ligence vous distingue et vous élève au-dessus du commun des
» intelligences subalternes !..... »

Ce langage si insolent, si hautainement présomptueux se résume cependant tout entier, se retrouve à chaque page de ces livres-là ; visible et caché dans ces deux mots : *sciences exactes*, et ces autres mots ridicules, *ce qu'il fallait démontrer :* comme si un confus amalgame de connaissances *inexactes* pouvait jamais être dénommé *science !* comme si la pédantesque et vaniteuse exclamation quadrilittérale *c. q. f. d.*, ou la plus vieille formule des derniers pédagogues de Louvain *q. e. d.*, ajoutait quelque chose à la vérité de l'axiome exposé : si ce n'est la triste teinte de cette puérile arrogance de l'homme, prouvant ce qu'il n'a point découvert, concluant ce qu'il n'avait point déduit !

Et cependant, je dois apparaître ici, sous un jour absolument le même ; plus défavorable encore ! Ai-je, moi, jamais démontré ou donné à penser avec quelque fondement, que le goût et l'esthétique, dans les beaux-arts surtout, pussent se prêter à de roides démonstrations ? se fléchir aux angles et aux lignes rigides autant qu'arides d'une impérieuse géométrie ? bien loin de montrer que celle-ci s'attribue à bon droit le magistère principal de toute cette vaporeuse doctrine de grâce, d'harmonie et de poétique unité, qui ruisselle à grands flots des admirables et si suaves compositions de génies si incontestablement inimités, si pas désormais inimitables.

Eh! non : bien qu'ici j'aie l'air de me dire, de vous dire tout ceci tout bas ; de croire l'établir hautement dans ce livre ; je dois vous avouer en le finissant par cette préface ; que je me sens forcé de passer condamnation sur ce paradoxe pratique ; je dois vous avouer, qu'il *n'en est rien et que je n'y pense pas !*

Prenez votre compas, je vous en prie ; joignez-y un cercle gradué, ou une équerre mobile ; puis, opérez sur les statues originales ou *réduites* (1) essayez sur ces longues collections de gravures des musées et des galeries : et si vous trouvez comme moi (quel que soit, d'ailleurs, l'artiste antique, quel que soit son dessinateur moderne, pourvu qu'il le soit) ; si vous trouvez les mêmes données que moi; si elles se montrent à vous dérivées de la même loi : remerciez-en sous le nom du hasard, celui qui *dispose tout en nombre, poids et mesure* (2) et qui a laissé tomber sur ma route un principe, que je suis si profondément incapable d'appliquer, et que tant d'autres ont pris soin de me *préparer,* avec tant d'exactitude et de patience ; satisfaits ce semble de laisser à quelque ignorant et inhabile comme moi (3) le soin facile de le nommer et de m'en attribuer le mérite et la gloire : si ces deux choses peuvent toutefois s'attribuer aux hommes, autrement qu'en l'Homme-Dieu.

15 janvier 1845.

(1) D'après l'admirable procédé de M. Colas de Paris, copiant et réduisant les statues, avec la précision et les proportions, que le meilleur pantographe (*Singe*) peut offrir pour les dessins.

(2) C'est la pensée du Sage dans l'Écriture.

(3) Mientras deliberan los sabios, vien el necio y lo hace. (*Proverbe espagnol.*)

AVERTISSEMENT SUR LES PLANCHES.

Les figures qui accompagnent cet ouvrage, sont prises parmi *plusieurs centaines,* non pour rejeter celles qui ne cadreraient point à mes dires : car je dois déclarer n'avoir rencontré *aucune exception quelconque,* dans mes essais passablement nombreux d'applications diverses ; ces figures, dis-je, je les ai tirées des ouvrages suivants, qui parmi ceux que je connais, m'ont paru fournir les planches les mieux, ou plutôt les plus exactement dessinées, et copiées avec le plus de fidélité. Ce sont : *le Costume de plusieurs peuples de l'antiquité prouvé par les monuments,* de feu André Lens, notre aimable et gracieux compatriote, Liége, 1776, vol. in-4°, 160 fig. ; *Musée Pie-Clémentin,* par l'abbé E. Visconti, Milan, 1818, 2 vol. in-8°, 123 planches ; *Scultura della villa Borghese,* Roma, 1796 et 1797, par Luigi Lamberti, 3 vol. in-8° avec 294 planches ; les Cent figures antiques publiées par Fr. Perrier, Rome, 1638, 1 vol. in-fol. ; *Description des pierres gravées du cabinet du duc d'Orléans,* Paris, 1780, 2 vol. in-fol., 173 figures, les statues si classiques d'Audran, portant comme on sait les mesures les plus minutieusement prises dans tous les sens et intitulées : *Les proportions du corps humain mesurées sur les plus belles figures de l'antiquité,* par Gérard Audran, seconde édition, Paris, 1801, in-fol. ; et enfin, les statues *réduites* par l'admirable machine de M. Colas, savoir : le Gladiateur, le Faune, l'Apollon Sauroctone, le Génie du Repos éternel ; les Vénus de Milo, de Londres, de Médicis, d'Arles ; celles dites *Genitrix, Accroupie,* et de *Gabia* ; enfin *l'Amasone* ; en tout *neuf cents figures* seules ou groupées.

Ces figures se montrent ici, *calquées* sur leurs originaux, et transportées ainsi sur pierre : afin d'éviter jusqu'à l'ombre du soupçon de *complaisance* dans le dessinateur, pour *arranger* le type avec mon système.

Pour le même motif, j'ai cité exactement l'ouvrage et le lieu où j'avais pris chaque figure ; et quand divers dessinateurs m'offraient la même statue sous des aspects et des proportions dissemblables ; je les ai prises pour application de mes principes, avec d'autant plus d'empressement, que ces aspects divers et ces mains différentes devenaient une confirmation plus puissante et plus générale des données fournies à la science si belle et si ardue encore, des représentations plastiques ou pittoresques.

DE LA GRACE,

DES PROPORTIONS ET DE L'UNITÉ

DANS

L'ART ANTIQUE.

CHAPITRE PREMIER.

DE LA GÉOMÉTRIE DANS L'ART ANTIQUE.

Spirantia signa.
(Virgile.)

C'est toujours avec une répugnance plus ou moins prononcée que l'on accueille l'idée de réunir dans une étroite et réelle dépendance les choses de goût, de grâce et de poésie, avec la sécheresse et l'inflexible des notions géométriques, ou tant soit peu exactes ; quand cette pensée se présente à notre esprit ou que d'autres nous la suggèrent. L'imagination révoltée proteste tout d'abord contre cet assemblage criant et inouï ; le cœur lui-même s'alarme ; il ne compte guère lui, il ne mesure pas ; et l'âme tout entière s'afflige, tremblant de voir des chiffres et de roides formules, dépouiller la nature de ses fleurs délicates et tendres ; profaner de ses doigts grossiers et sans pudeur le duvet léger et chatoyant de ses fruits les plus fantastiques ; flétrir et dépouiller de ce brouillard aimable ces plantes vierges de notre convoitise et de notre vorace destructivité.

Il faut donc, pour accréditer de pareilles énormités, il faut se les faire pardonner d'abord, les établir ensuite bien clairement, et se hâter de montrer à toute évidence, qu'elles ne détruisent rien , ne froissent rien ; qu'on ne va pas voir effeuiller des roses, sous prétexte de les caractériser ; emprisonner ces rameaux et leurs hôtes aimables, sous ombre de donner à ceux-ci une forme plus régulière, aux autres de nouveaux chants et une plus substantielle nourriture.

Ce préjugé, car enfin c'en est un, quoique peut-être peu légitime, est certes fort excusable ; mais enfin ce préjugé a retardé bien des progrès, empêché peut-être bien des découvertes : souvent, quand l'événement sera venu malgré nous, nous démontrer qu'en effet c'était un préjugé, réel, faux, ridicule et ignare, lequel nous retenait encore attachés et inactifs; encore alors, disons-nous, ingrats et obstinés que nous sommes, nous oublierons les services rendus par cette pensée si mal accueillie et qui méritait si peu de l'être. Une autre fois, n'en doutons pas, elle nous va retrouver tout aussi entêtés, tout aussi récalcitrants que la première, lorsqu'elle se présentait inconnue, à notre esprit.

C'est, je l'avoue, ce qui m'arriva lorsque dans je ne sais quel système de rêveries scientifiques, s'offrit à moi la possibilité de résoudre la question qui nous occupe; question si mystérieuse en apparence, et si vague jusqu'ici. Il ne manquait pas non plus d'objections tout autrement sérieuses qu'un simple préjugé, bien plus spécieuses aussi que le paresseux et égoïste « *on ne saura jamais cela !* » Eh! que répondre au silence absolu de tous les auteurs, à l'absence de la plus petite tradition dans l'École, aux difficultés insurmontables qu'accumulait la géométrie? Ne devait-ce pas être une théorie vide, un système vain, inapplicable? l'une fût-elle vraie et fondée, l'autre ne menacerait-il pas bien probablement d'être trop ardu et, qui pis est, infini?» Tout devait donc, comme ces fantômes effrayants que place le poëte aux portes des enfers, pour en empêcher l'entrée ; tout devait retenir les élans téméraires et trop certainement perdus, d'une imagination illusionnée et peu modeste!.....

Et néanmoins nous sommes ainsi faits; l'on essaie : on interroge cet impossible avec je ne sais quel acharnement; avec quels remords peut-être? à peu près comme la jeune fille qui consulte pour la première fois une devineresse, ou qui se hasarde à tirer un imposteur *tarot :* espérant découvrir par ses *cœurs* et ses *piques*, le feu qui brûle ses veines; ou s'assurer, hélas! trop pleinement du froid et de l'oubli dans le premier cœur qu'elle avait cru fixer, posséder pour jamais.

Il n'y a que le premier pas qui coûte, dit le vieux adage; je l'éprouvai comme cette jeune devineresse : *Nec vidisse semel satis est !* Heureusement qu'ici, ce devait être sans repentir.

Une fois engagé dans mes premières tentatives, les *bonheurs*, les *hasards* jusque-là, se multiplièrent tellement; se montrèrent sous tant de formes, et toujours tant les mêmes ! ils se laissaient si bien retrouver partout et dans les circonstances les plus opposées, les plus extrêmes; que reculer me devenait une impossibilité : au lieu d'une faiblesse d'esprit, ou d'une bacchanale de la pensée, j'avais devant les yeux une étrange, mais grande découverte !

Mais il s'agissait de la généraliser ; ensuite, s'il se pouvait, de la raisonner. Chose difficile! bien probablement; délicate sans nul doute ! Mais beaucoup de choses sont données à la persévérance et au courage : on le sait, dans notre Belgique surtout, et même hors du domaine, si dégoûtant aujourd'hui, de la politique. — Je me mis donc à l'œuvre avec ardeur ; et, une particularité également inattendue, mais découlant au fond de la même source, vint se jeter à la traverse ; confirmation étonnante, en même temps que rigoureuse généralisation du principe, hasardé d'abord avec crainte et défiance ; accueilli plus tard avec réserve bien qu'avec joie et bonheur. Il est si doux de se croire inventeur !

Du reste, il est sans doute parfaitement inutile d'entretenir le lecteur de l'espèce des rêveries, et de leurs transformations qui me firent croire à la possibilité de surprendre à l'Antiquité un secret dont elle semble avoir été si jalouse ; quoiqu'il paraisse indubitable aujourd'hui, que ce principe secret a dû être universellement connu de nos artistes antiques : leurs ouvrages, quelque divers qu'ils soient, n'offrant jamais la moindre exception à la règle que j'indique ici.

Cependant je ne puis omettre de marquer que ce qui m'arrêta le plus longtemps, le plus inutilement, c'est la fausse méthode de l'École moderne ; savoir de calculer les proportions humaines par *têtes* ; les Anciens sentirent de bonne heure que ce ne pouvait être là le *commun diviseur* de la stature ; si j'ose me servir de cette réminiscence algébrique : ils semblent avoir préféré *le pied* ; et il est surprenant que Léonard de Vinci, et, je crois, aussi Cousin, en abandonnant la tête, n'y aient point songé : on sait qu'ils mesurèrent les figures par *nez* : ce que le moindre tact, la moindre notion physionomiques, et l'Antique même (Nègres et Égyptiens), devaient repousser bien loin.

Quoi qu'il en soit, porté à penser que l'ellipse ou ovale géométrique pourrait bien être *le lieu* des mouvements humains ; ainsi que s'exprimaient les anciens rhéteurs, et que le font encore aujourd'hui les géomètres : j'avais essayé de les lier par des cercles tracés sous certaines conditions ; conditions que j'avais cru devoir m'imposer à moi-même, dans l'intérêt d'une marche rationnelle et rigoureuse. Or, grande fut ma surprise, en voyant que, si d'une part ils répondaient d'une manière encourageante à mes essais ; de l'autre, ces ovales ne se prêtaient à aucune proportion de la *tête* avec ces mêmes figures : auxquelles, du reste, mes cercles et mes angles s'adaptaient si bien. C'en fut assez pour me faire abandonner cette alchimie de proportions, modules, parties, minutes, etc., de nos Andran, Vignole et autres scolastiques ; pour ne songer plus désormais qu'à pousser jusqu'à son entier développement cet unique principe ; lequel, malgré mes routinières persuasions, m'avait déjà si bien servi. Tant il est vrai, que même dans la science,

« Et le raisonnement en bannit la raison. »

Quelques recherches que j'avais faites antérieurement sur les proportions du corps humain, m'aidèrent alors à varier mon principe fondamental : elles m'indiquaient d'autres *centres,* aussi probables que ceux choisis d'abord ; et, comme je le disais tout à l'heure, avec assez de succès. Cette tentative nouvelle ayant réussi au delà de mes espérances ; ma conviction fut désormais formée, et la doctrine que j'expose, complète. Voyons à présent de l'expliquer le plus clairement et le plus nettement que faire se peut.

Supposons donc tout ceci non avenu, et transportons-nous un instant dans les ateliers des artistes et au sein des Académies : n'est-il pas singulier de voir des savants et des dessinateurs de profession, parler incessamment de *beauté régulière*, de *traits réguliers* et de *proportions exactes, régulières*, en même temps qu'ils rejettent hautement et avec un indéfinissable dédain toute idée de régularité ! c'est-à-dire, de formes déterminées, de proportions précises et réelles : j'entends géométriques. « C'est au goût, s'écrient-ils, c'est au sentiment à donner ces proportions, à les apprécier ! » et ce même compas qu'après les Audran, les Vinci, les Poussin et les Durer, ils auront si souvent porté sur l'Apollon, les Vénus ou l'Hercule, ils le répudient et le brisent en outil profane, d'une sécheresse prosaïque et d'une barbare impéritie ! « Comme si l'on pouvait peser le sentiment et calculer aridement les mouvements délicats et généreux du cœur ou de l'enthousiasme !!! » Car tel est encore leur dire.

Je suis de leur avis en ce point, mais je ne pense pas que les manifestations extérieures de ces poétiques émotions, de ces intentions délicates et profondes, soient aussi immatérielles, aussi insaisissables que leurs nobles mobiles ; traduites, exprimées par le jeu de nos organes et leurs développements, elles en doivent suivre, ce me semble, les proportions et les relations combinées. Et certes, celles-ci, ils ne le nieront pas, ces artistes dont je parle : ces formes, ces proportions, ces relations réciproques ne sont rien moins qu'incommensurables ; rien moins qu'arbitraires ou indéfinies.

Le lecteur voudra bien remarquer ici, que ce n'est point une théorie rêvée à plaisir, développée avec un spécieux artifice, qu'il voit énoncée dans ce qui précède : il ne saurait m'appartenir en aucune manière, même d'y songer, sans un excès de présomption dont je ne me sens pas dominé pour le moment, ni pour un pareil sujet.

Or, quelques considérations générales et qui ne trouveraient pas commodément leur place ici, m'amenèrent à soupçonner un genre de régularité d'une simplicité sublime, dans ce que je connaissais des chefs-d'œuvre de l'antiquité plastique et pittoresque : je crus entrevoir les bases réelles et fixes de cette admiration inéluctable qu'ils vous arrachent, de cette profonde approbation qu'ils obtiennent ; sentiments victorieux, que leur étude la plus assidue, la plus prolongée ne fait qu'accroître et fortifier.

Les premières tentatives d'application de ces lois tenues si soigneusement secrètes par les adeptes antiques de ces nouveaux mystères ; ayant confirmé avec un rare bonheur mes conjecturales combinaisons de cercles, d'angles et de lignes directrices : le succès en m'encourageant, m'aiguillonna impitoyablement, et je ne pus m'accorder de relâche, devant cette persécution d'une découverte inachevée ; que lorsqu'elle m'apparut tout entière, armée aussi, à sa façon, de son armure complète, de démonstrations inexprimablement justes, variées jusqu'à l'éblouissement, jusqu'à la stupéfaction la plus réelle : s'il m'est permis d'exprimer en ces termes, ce que mes amis ressentirent avec moi, dans cette si magique et si facile géométrie du beau.

Quand je me suis cru possesseur légitime de cet arcane nouveau, il fallut songer à l'entourer d'un ensemble de preuves tranchantes et complètes ; il fallut faire porter celles-ci sur tous les ordres de productions académiques, sur toutes les époques de l'art ; il fallut le montrer sous la main du statuaire, comme sous celle du lapidaire et du peintre ; il fallut le rendre démontrable, surtout pratique.

Ici se montra dans la plus inattendue des évidences possibles, la certitude d'une *tradition constante,* dans les écoles de l'art antique ; tradition dont nul vestige n'existe, que je sache, dans les auteurs anciens : nul soupçon chez les modernes. Aussi, je l'avouerai ingénument, il ne me fallut rien moins que cet interminable enchaînement de démonstrations, pour croire avec tranquillité à ma propre conviction.

Je ne donnerai cependant ici ni mes raisonnements préliminaires, ni mes nombreuses expérimentations. Je classerai le plus clairement, le plus succinctement qu'il me sera possible les éléments nécessaires à l'intelligence des principes que je crois avoir découverts ; j'y joindrai des exemples peu nombreux, mais autant variés que me l'a permis l'examen souvent recommencé, varié, modifié de 700 figures environ, reproduites par divers artistes, et toujours avec une grande précision : j'ai indiqué les sources où j'ai puisé ; il me reste à développer succinctement les données que cet ensemble m'a fournies.

CHAPITRE II.

DE L'UNITÉ DE MESURE DANS L'ANTIQUE.

Si l'immense supériorité de la statuaire antique sur les produits de l'art moderne, est trop généralement admise pour qu'il soit nécessaire de s'arrêter à cette assertion presque triviale; il peut être utile néanmoins d'étudier les causes de cette infériorité trop humiliante pour notre amour-propre, trop peu d'accord avec la haute opinion dont notre siècle est pénétré pour sa propre perfection, ses progrès, ses lumières.

Il y a cependant, si je ne me trompe, il y a dans cette inégalité deux questions bien distinctes : celle du *galbe* comme s'expriment les artistes ; du *modelé*, si l'on veut ; et celle de la disposition relative des membres, des figures, des draperies. C'est cette partie seule de la grande question que j'entreprends d'éclaircir aujourd'hui, appuyé sur toute l'antiquité monumentale; ou plutôt guidé par cette grandiose puissance : laissant aux phrénologistes et aux physionomistes de profession les études de races et d'expressions qui peuvent aider, je crois, à résoudre la première des deux questions susdites; laquelle je ne me sens point le talent, ni la force d'aborder.

Je vais expliquer ma pensée.

Lorsque l'on étudie une statue antique, et que l'on examine en même temps une sculpture moderne : on est bientôt frappé d'une différence que je rencontrai, quant à moi, partout ; savoir, que l'antique peut, sans crainte de déplaire, être envisagé de tous les points de la circonférence dont il occuperait le centre : tandis que les productions de l'art moderne ne supportent guère qu'un seul point de vue ; aimables dans celui-ci, on les trouve d'ordinaire détestables dans la plupart des autres. On dirait qu'elles ont été conçues et traitées comme un dessin plat : ayant sa perspective plane et rectiligne ; et partant, vraies seulement au point de vue rigoureux de l'artiste : si toutefois celui-ci n'ignorait pas, à sa grande honte, cette si facile et si indispensable science, la perspective.

Ce que je viens de dire se vérifie d'une part, même dans les plus contrastantes positions : la verticale, par exemple, dans le *Génie du Repos*, et l'extrême désinvolture du *Gladiateur combattant :* et de l'autre dans les plus harmonieuses, les plus sobres compositions de nos écoles : comme les *Grâces* de Canova, ou les *bras ajoutés* à la *Vénus de Londres*.

J'ai cru devoir en conclure que, le *point de vue linéaire* de nos tableaux et de nos dessins, ne pouvait convenir aux figures détachées, ou censées telles ; et que, tous les développements de nos membres étant notoirement circulaires, autour de leurs attaches respectives, c'était aussi dans le cercle qu'il fallait aller chercher ces rapports d'unité de point de vue, que la ligne droite ne pouvait donner dans son immuable simplicité, si ce n'est pour un objet plat.

S'il était question ici de gymnastique, ou des exercices que l'on confond aujourd'hui sous ce nom mal compris ; ce serait autre chose : les géomètres viendraient bientôt nous détourner, nous épouvanter par des incalculables courbes *sur-épi-cycloïdales*, résultantes du mouvement successivement simultané de la phalange d'un doigt allongé de la main, du coude se mouvant de l'épaule, et poussés tous en avant par la marche ; ou seulement par le mouvement des orteils.

Mais ces lignes-là n'ont point droit à notre intérêt ici, et ce désespoir du géomètre y serait superflu.

Cependant on conçoit aisément que les évolutions de nos membres saisis par la représentation plastique ou graphique, dans telle période de la durée de leurs mouvements ; dépendent naturellement de la proportion relative de ces membres, et de leur lieu d'opération. C'est-à-dire que de ces proportions doivent découler les lois qui gouvernent les autres, ou qu'elles doivent s'y rattacher. Or c'est là précisément ce que nous verrons bientôt être la constante pratique des sculpteurs et des peintres anciens.

Mais il y a plus. Ces mouvements, ces attitudes ; les traces que forcément ils laissent dans les draperies ; la possibilité d'autres évolutions par rapport aux objets environnants (remarquez que je ne dis pas seulement « *aux figures,* » mais aux *objets*) : ces développements de la vie extérieure ne sont pas jetés dans le vague d'une sphère dont la figure se mouvant est censée occuper le centre ; non sans doute ! mais dans ce champ trop incirconscrit de la sorte, elles sont fixées par une loi secondaire, rigoureuse comme la première, et c'est *la direction régulière sous un angle constant :* non-seulement pour les membres, mais encore les plis et les ondes des draperies : chose qui, plus révoltante encore au premier coup d'œil inattentif, n'en est cependant que plus remarquable aux yeux de l'artiste esthétique ; s'il a réfléchi sur la grâce intime et inépuisable de ces miraculeuses compositions.

Comment donc tant de régularité, et cette rigidité en apparence si inexorable, si mathématique d'une part : tant de beauté, de souplesse, de douces et onduleuses convenances de l'autre ?

Voici comme je m'expliquerais cela.

La régularité réelle et fondamentale, si j'osais m'exprimer ainsi, se sent, se devine à travers les formes, du reste les plus diversifiées. Ainsi, à l'œil du dessinateur anatomiste, le squelette se voit à travers les plus gracieuses enveloppes des chairs si moelleusement modelées, et les séduisantes teintes d'un admirable épiderme. L'aperçoit-on cet aride et hideux soutien? frémit-on devant ce funèbre mais indispensable appui?... Mais non! l'on s'y appuie cependant, et c'est avec confiance; avec une sérénité pleine d'assurance. De même, il en est, je me le figure du moins ainsi, il en est de même des angles et des croisements si rigoureusement géométriques de ces arcs de cercles, et de ces incommensurables diagonales.

Et puisque j'ai prononcé cette épithète si mathématiquement inexplicable; le lecteur me permettra-t-il de hasarder ici une pensée peut-être trop métaphysique?...

La voici:

Là où la scrutation s'arrête, là où l'on a rencontré la limite de l'effort humain, le terme du génie; là s'arrêtent et s'éteignent aussitôt l'imagination et le plaisir : car le *positif* paraît, et les tue. Mais dans les relations qui complexes et enchaînent incessamment le plaisir d'une recherche à vingt autres, qui rattachent une approbation tacite à cent autres rapports satisfaisants, heureux, inattendus : là croît l'admiration. Le goût de tant de charmes enlacés, et s'entraînant les uns les autres avec nous-mêmes, avec nos profondes et savoureuses rêveries: c'est l'inépuisable.

Or, c'est, je crois, précisément, pourquoi l'Antiquité accolle et oppose si constamment le côté du *carré avec sa diagonale :* parce que leurs rapports d'incommensurabilité les rendent en quelque sorte infinies, toute droites qu'elles sont.

Nous verrons bientôt que les proportions architectoniques des colonnes antiques, leurs détails, leur espacement, subissent précisément cette loi de l'incommensurable, que nous allons bientôt aussi rencontrer dans les proportions du corps humain; sur lesquelles Vitruve, mieux jugé, s'il avait été mieux compris, n'aurait pas dû rencontrer l'incrédulité moqueuse de la pédanterie écolière et ignorante.

J'aurai donc à faire voir que les *anciens artistes ont partout et toujours posé, placé, groupé, drapé leurs figures d'hommes, aussi bien que d'animaux, d'après un système de cercles coordonnés entre eux, dans les proportions du corps humain.* Cette distribution des formes et des distances, ils l'ont observée dans leur architecture aussi bien que dans la statuaire; la gravure, les mosaïques, les peintures et la numismatique; en un mot, partout, et ce, avec un tel luxe d'exactitude et de précision, que prises de quelque côté que veuille le plus bizarre caprice: ces si singulières productions vous redonnent toujours les mêmes proportions humaines, les mêmes distances, les mêmes mesures, la même symétrie.

Je vais parcourir rapidement les points divers que je viens d'indiquer, les appuyant plutôt d'exemples que de preuves : car je ne crains plus aucun démenti sur ce point : quel que soit le modèle que l'on pensât à m'opposer ; et ne pouvant, sans être infini, donner même ceux qui ont établi et consommé ma conviction.

CHAPITRE III.

REMARQUES PRÉLIMINAIRES SUR LES PROPORTIONS DE L'ANTIQUE.

En parcourant l'histoire des connaissances humaines, l'une des choses que l'on remarque avoir le plus apporté d'obstacles à leur développement et à leurs progrès, c'est le mauvais choix des bases d'enseignement ; ou, si l'on aime mieux, des points de départ de la science. On croirait à peine, quand on n'y a point passé, combien il faut alors endurer de fatigues, débrouiller de difficultés, accorder d'idées contradictoires, suppléer de lacunes, dévorer d'absurdités. C'est que, faute d'unité réelle et véritable, la masse des faits et des enseignements partiels, dénués de fondement, de liaison et d'ensemble, obrue malgré sa pauvreté ; embarrasse par sa confusion, et repousse par son irrégularité, toute évidence, toute prévision, toute découverte nouvelle.

Je crois remarquer l'application directe de ces considérations, dans la mesure donnée par les architectes et les dessinateurs scolastiques, aux colonnes et aux statues antiques : calculant les unes par leurs *modules et minutes*, les autres par *têtes* ou par *nez*. Or ces étalons-là ne sont pas ceux de l'Antiquité. Et d'abord :

Mesurées par ces procédés, les colonnes aussi bien que les figures offrent un type imaginaire et unique ; or, il est de toute fausseté que les artistes de l'Antiquité aient suivi aussi moutonnièrement que les Vignole, ou les *proportionnistes* dessinateurs, ont voulu le faire accroire, une route si fausse et si stérile.

La *tête* ne mesure jamais exactement, ni convenablement la figure ; et sa forme est aussi loin d'être invariable dans les antiques les plus admirés, que dans le cabinet du phrénologue le plus richement monté en types nationaux ; professionnels, vicieux, morbides.

Quant aux monuments de l'architecture: ceux qui ont mesuré, le compas en main, quelques-unes seulement des constructions les plus vantées de l'antique Rome, savent fort bien que Vignole est un effronté faussaire et que, selon la frappante remarque de l'auteur *des Séries de Colonnes* (celles de l'Antiquité, dont on peut porter les types à *trente* (sept fois le nombre de Vignole), en offrent encore de nos jours, une *vingtaine au moins*, qui se refusent aux mesquins encerclements du maçon législateur.

Quoi qu'il en puisse être de cette divergence de la réalité du fait avec l'étranglé de la fausse théorie, dans sa mesquinerie scolastique: celle-ci néanmoins se dresse hérissée de chiffres et de détails que rien ne justifie à l'esprit, que rien ne rattache dans la pensée.

Il n'en était pas ainsi pour l'artiste antique. Vous lui donniez *le pied* de sa figure, ou de sa colonne; vous indiquiez le degré dè *force* de l'une ou de l'autre : avec cette mesure seule, l'œuvre grandissait jusqu'à la perfection ; se coordonnait gracieuse, complète, et sans laisser rien à désirer.

Mais comment?... Eh! je l'ai déjà dit ! une *ligne* pour base, et *sa diagonale*. Sur ces deux modules-là, mais sur ces modules vrais et saisissables, il traçait ses cercles, les superposait; et appliqués sur ce magique réseau, personnages ou piliers de marbre, de granit, se dessinaient, se retrouvaient; rentraient, comme on dit, l'un dans l'autre avec une inimaginable précision, avec une richesse de rapports et de coïncidences vraiment inconcevables ; et ce, je crois l'avoir dit déjà : jusque dans les détails que nous supposons, nous grossiers et négligents ouvriers, devoir avoir été négligés par ces sublimes, mais consciencieux artistes. — Nous le verrons à satiété, et bientôt.

Voulez-vous essayer tout d'abord? Eh bien! prenez telle figure suffisamment nue, que vous le voudrez; parmi celles, par exemple, que mesura si minutieusement Audran sur la longueur de son pied, comme rayon; tracez une ligne de sept cercles, sur un papier glacé ou transparent quelconque; placez cette série de cercles contigus, sur la figure, en partant de la plante des pieds : vous trouverez que le *sixième cercle* vient toucher au menton de votre figure ; le septième dépasse quelque peu la tête: du reste aucun des autres ne se rapporte exactement à quelque membre ou point notable du corps.

Vous croyez peut-être vous être égaré, dans un chemin sans issue; ou avoir pour le moins fait fausse route? Il n'en est rien. Tracez seulement un carré, sur cette longueur du pied de la statue, et prenez-en la diagonale ; avec cette nouvelle mesure liée si intimement mais si *incalculablement* avec la première, tracez sur la même ligne que devant, des cercles nouveaux ; à partir également de la plante des pieds : et vous allez retrouver tous les points marquants de votre modèle, indiqués avec la plus extrême précision, par les intersections de ces cercles, ou leurs points de contact.

Vous vous figurerez peut-être que ce septième des premiers cercles, dépassant la tête de l'antique, est une anomalie, une bizarrerie; qui doit rendre toute cette construction suspecte, ou du moins incomplète?... Encore une fois, il n'en est rien, et vous aurez occasion de remarquer une infinité de fois, que: l'espace compris entre le sommet réel de la tête et la septième circonférence, est précisément la limite et l'étendue exacte de la *coiffure*, cheveux, diadème, panache : dont le statuaire ne manque guère de parer son héros ; mais qu'il ne souffre jamais voir dépasser cette limite circulaire susdite.

Voulez-vous voir plus?.... Montez ou abaissez d'un cran (toujours de ligne en ligne) votre système de cercles : vous verrez constamment vos intersections normales, répondre avec la même précision à tous les membres et points apparents du corps : et, chose plus inattendue sans doute, *avec chacun des angles* de son soubassement, avec les accidents indiqués par l'artiste, dans la base quelconque qui le doit remplacer !...

Votre figure est, je le suppose, en face: tracez donc une ligne, du nombril à chacune des mamelles ; et mesurez l'angle qu'elles forment : vous verrez celui-ci s'augmenter graduellement selon la force et le sexe de l'individu : depuis la Vénus, l'Antinoüs, l'Apollon, jusqu'à l'Hercule ; les autres lignes susmentionnées restant toujours rigoureusement exactes, pour tous indifféremment.

Voilà donc la mesure statuaire retrouvée: exacte, rigoureuse sans exception : elle donne les pieds et leur écartement, le genou, le pubis, le nombril, les seins, la clavicule, le menton, la bouche, les yeux, le front, le bandeau, le sommet de la tête, la coiffure ; elle indique la largeur des hanches et celle de la taille ; ces *maximum* et *minimum* de l'épaisseur du corps humain. Maintenant transportez ces cercles, et ensuite cette figure ainsi mesurée, sur le piédestal d'une colonne antique quelconque, dont les hauteurs soient les mêmes (depuis le sol, jusques y compris l'entablement) ; variez aussi, comme tout à l'heure, la superposition des lignes ; et vous allez retrouver indiqués exactement, et les angles des membres, et les lignes d'ornement, et les saillies, et les épaisseurs de la colonne ; comme de son piédestal.

Vitruve avait raison, les colonnes antiques reconnaissent les mêmes mesures que le corps humain.

Or les proportions du corps humain traitées *ex professo* par le célèbre Albert Durer, par le gracieux Poussin et plus récemment, comme je le disais, par Audran ; ne devant entrer dans le cadre de mon ouvrage, que comme *données :* je n'en parlerais même en aucune façon, si le progrès des lois que j'entreprends de développer ici, ne m'y obligeait en quelque sorte. Toutefois je n'aurai guère de remarques à faire sur ces auteurs.

Nous verrons bientôt que les anciens sculpteurs partageaient le corps en sept parties égales : avec cette réserve toutefois, que la septième dépassait quelque peu la tête : en supposant que l'on fût parti des pieds, pour ces sept divisions. Je viens de le dire à l'instant.

Or, en prenant l'une de ces parties, pour *mesure commune*, pour *module*, si l'on tient à conserver ce vieux mot : on trouvera de très-singulières égalités ; en portant successivement le compas sur les points les plus importants, ou les plus apparents du corps. Tels sont la bouche, les yeux, le menton, la clavicule, les seins et la ligne idéale qui unit les mamelles ; le nombril, le pubis, le genou. De ces rapports les uns sont constants et universels : les autres sont variables, et tiennent à la différence d'âge ou de sexe.

Ainsi l'angle que forment les mamelles avec le nombril, augmente nous le disons, depuis la femme jusque l'Hercule avec des nuances exactement graduées, et proportionnelles à la force du type : formant une série qui s'étend de 40 à 64 degrés environ. C'est-à-dire, que, les autres distances demeurant les mêmes, la largeur de la poitrine, et partant des épaules, a seule varié. On remarquera, outre les coïncidences que tout le monde pourra trouver dans cet essai de mesures susdites ; les deux portions du bras jusques au poignet, ainsi que la longueur du pied, qui répondent exactement à cette *mesure commune*. Nous verrons bientôt cette observation fournir un résultat remarquable, et nous donner une importante solution, de tout ce qui peut sembler obscur et embarrassé dans cette théorie.

Que si l'on construit un carré sur cette même mesure commune, le pied ; on trouvera que, *sa diagonale* donne exactement la largeur des hanches ; aussi bien que celle du soubassement de la statue.

Nous ferons observer à ce propos, qu'il n'est pas de statue, ni de groupe antique, dont le soubassement ne soit lié avec la figure qu'il supporte d'une manière directe et inséparable : tant ces grands artistes donnaient d'homogénéité et d'ensemble à leurs œuvres !

J'oubliais de dire que l'écartement des pieds, dans l'attitude du repos, mesurait aussi cette distance, soit un angle de 60^d ; la plus stable des stations, comme on le prouve en mécanique ; et devenait *double* dans l'action ; comme par exemple chez le *Gladiateur*, etc.

Maintenant, pour en revenir à cette *mesure commune*, si générale, si importante, voici comment elle se détermine. On *partage en six portions égales, la perpendiculaire abaissée du menton aux orteils ; on porte au-dessus du menton ; une de ces parties, celle-ci se trouvera terminer la coiffure* (cheveux, diadème, etc.) *que porte la statue*.

Si l'on prend la peine de faire le calcul comparatif de cette mesure véritable, avec les mesures arbitraires de nos faiseurs de proportions : on concevra tout de suite que ces systèmes ne se concilient pas, et que la plus moderne n'est pas précisément le meilleur.

Du reste l'emploi de la diagonale du carré qui se retrouve aussi dans l'architecture antique, mérite une attention particulière, et nous en reparlerons en son lieu quand il s'agira de toucher la signification de ces traits.

CHAPITRE IV.

DE LA POSE ET DES ATTITUDES DES FIGURES.

Les proportions du corps une fois données et connues, une fois retrouvées dans l'échelle primitive et simple des grands hommes de l'Art chez les anciens, nous devons faire un pas de plus dans la vaste et nouvelle carrière que ce rayon de lumière nous fait entrevoir à travers les brouillards si prolongés des âges intermédiaires.

Il ne s'agit plus en effet de savoir si la momie de l'antique, se conforme avec complaisance à son *thème* d'une nouvelle astrologie : nous n'aurions guère obtenu par nos recherches, ou du hasard de nos conjectures, qu'une solution plus élégante, comme diraient les géomètres, d'un problème longtemps connu des moindres écoliers ; mais il nous faut interroger ce même principe, sur des points plus importants désormais et plus compliqués ; pour voir si, oracle vraiment divin et véridique, il nous dévoilera le reste de ces mystères de l'Antiquité.

La liaison certes inattendue que nous avons signalée plus haut, entre les proportions des figures et la forme de leur piédestal, donnait assez naturellement à penser que l'enlacement des lignes circulaires, directrices de ces figures, ne se bornait pas uniquement à la droite que suit la direction perpendiculaire des gaînes et des termes. Une excursion peu hasardée, vers les bras étendus de ces belles figures, montrait en effet le développement en largeur de ces cercles ; et, la hardiesse croissant comme d'habitude, avec le succès ; je pus m'assurer avec toute l'évidence désirable, que le premier rayon du dessinateur antique, était une aire entière, un réseau non interrompu de cercles d'une proportion fixée à l'avance, par la grandeur destinée aux personnages du tableau plastique ou peint ; et s'enlaçant comme des alvéoles d'abeilles, auxquelles ils seraient circonscrits.

Dans ce champ ainsi jalonné se posent donc et se meuvent les figures et leurs membres ; suivant toujours les évolutions de ces faciles courbes, les prolongeant ou cherchant à les atteindre : par un doigt inexplicablement allongé, par un rouleau, un fragment de je ne sais quelle arme ; ou quelque ustensile exactement limité par ces points de concours ou d'intersection.

Ces intersections, ces points de rencontre des cercles que je viens de dire, sont encore les plus faciles du monde à retrouver. Je l'insinuais plus haut : ils se croisent sans travail, six à six, formant un réseau de rosaces parfaitement symétriques ; et se coupant, diraient les géomètres, en triangles égaux de 60 degrés de côté.

Les cercles qui forment ce réseau sont tous du même diamètre : celui-ci est la longueur exacte du pied de la figure principale.

La diagonale de cette ligne, dont du reste j'ai déjà parlé plus d'une fois ; donne la longueur du genou au pubis, de celui-ci au sternum, ou creux de l'estomac, de l'ombilic à la clavicule ; ainsi que de la mamelle à l'œil.

Or, soit que l'on prenne l'une ou l'autre de ces deux mesures pour en construire les cercles que nous savons, et que l'on obtienne ainsi des réseaux de proportions différentes ; soit que nous prenions le double ou le triple de ces lignes, pour diamètre de ces cercles : nous retrouverons encore toujours les plus heureuses, comme les plus précises coïncidences de lignes, dans la position et la direction des membres et des contours de la figure antique, indiqués et comme suivis à plaisir, par ces invariables courbes enlacées de la sorte.

Toutes, on le conçoit aisément, ne donneront pas les mêmes points à la fois, ne crayonneront pas les mêmes lignes, n'indiqueront pas les mêmes angles, les mêmes plis : mais toutes conspirent avec une indicible harmonie, toutes rentrent avec une admirable justesse dans la même unité ; toutes sans exception aucune se plient avec une facilité, j'allais dire une souplesse au delà de toute attente, au galbe si gracieux et néanmoins déterminé par une triangulation si rigoureuse et si aride en apparence.

L'application de ces assertions à quelque figure antique que ce soit, défie hardiment la critique la plus douteuse et la plus vétilleuse exactitude : tant le principe a dû être observé rigoureusement ! et avoir rencontré juste.

Lorsque la grandeur de la figure permet d'employer à la fois plusieurs de ces réseaux, et que le croisement de tant de lignes ne papillote pas trop les yeux ; n'embrouille pas trop les traits du dessin : on peut voir avec une plus entière admiration l'excellente et large concorde de ce système gracieux des lignes artistiques du statuaire, et des courbes si exactes de l'artiste géomètre.

Pour ne point tomber dans les inconvénients que je viens de dire, quand je cherche à me rendre compte de ces harmonies jusqu'à présent si invraisemblables ; je trace sur des papiers-glace différents, ces divers réseaux que je viens d'indiquer : alors je puis les superposer tour à tour, et même à la fois, sur le dessin qu'il s'agit d'étudier, et pour lequel ils auront été faits ; je puis varier leur position, changer les points de rappel ou de départ; et chacune de ces opérations en apparence si arbitraires, me donne toujours des résultats frappants, inattendus. C'est alors en particulier que l'on opère sur des gravures représentant la même statue, sous divers aspects; que ces résultats deviennent étonnants, et pleins d'une lucidité qui tient du ravissement.

Lorsque nous aurons à nous occuper des groupes, et de la distribution des figures ; nous trouverons plus naturel, c'est-à-dire plus saisissable, plus nettement circonstancié, d'expliquer comment l'artiste antique faisait son choix dans cette multitude étourdissante de points et de repaires, pour les figures que je détaille.

Ce que j'ai dit plus haut touchant quelques proportions des lignes normales, retrouvées entre les distances de tel ou de tel point du corps humain ; peut expliquer ou du moins faire entendre, ce que j'ai ajouté relativement aux variations et au déplacement du réseau; pour examiner ses diverses coïncidences avec les lignes et les points principaux du dessin.

Ainsi l'on pourra partir, pour tracer ses cercles directeurs : ou de l'œil, ou de l'ombilic; du pubis ou du sternum ; ou de la pointe du pied; ou de l'une des mamelles; ou de tels autres points encore, comme il sera dit plus bas : sûr de trouver toujours des rencontres heureuses et normales du dessin original, et de les retrouver à la fin de l'opération tous indistinctement. Ceci présente déjà la plus irrécusable preuve de la justesse de nos premières assertions, et conduit tout naturellement aussi, à la démonstration de ce qui nous reste encore à dire.

Comment en effet, le caprice de l'imagination sans loi; les écarts du crayon; l'extrême variété des compositions et des types ; comment dis-je, tout cela pourrait-il retomber avec une si désespérante précision, avec tant d'aisance et de grâce, sur les mêmes points, les mêmes mesures, les mêmes proportions ; si ces proportions, ces points et ces mesures n'avaient pas été, dès le principe de sa composition, fixés, discutés et harmonisés entre eux, par le compas sévère mais fécond de l'antique statuaire? Je ne le conçois en vérité en aucune façon. Mais nous verrons bientôt du plus frappant encore en ce genre, et s'il se peut du plus démonstratif ; dans le développement graduel de cette si simple, mais si admirable théorie.

CHAPITRE V.

DE LA COIFFURE, DES DRAPERIES ET DES ATTRIBUTS.

Plus nous pénétrons les secrets de la statuaire antique et plus nous avons sujet de nous convaincre, que rien n'était plus loin de ces profonds observateurs, que l'empirisme rodomond de nos modernes esthétiques; et ces appels perpétuels au bon goût, et au sentiment du beau : c'est-à-dire, en termes plus clairs et pour le moins aussi vrais, au goût personnel de celui qui parle de la sorte, et à ses propres prédilections. Résultat nécessaire, et bien plus profondément influencé qu'on ne le pense, des gestes et des mouvements vulgaires de nos membres; les plis et les gracieuses ondulations des vêtements antiques, devaient naturellement en accuser l'origine ; et, par conséquent aussi, comme déjà je l'ai indiqué plus haut, ils dépendent forcément du même système régulier qui régissait dans leurs écoles, les développements de la stature, et des membres, considérés dans le nu.

Mais il y a quelque chose de plus que le plissement, que cet entassement si gauchement simulé sur les mannequins de nos artistes, *habillés*, à grands renforts de coups de poing, et d'un injustifiable fronçage.

Les attaches, les ceintures, la forme primitive des draperies, obéissent toutes également aux lois de la direction du nu ; vous y trouvez des arcs de cercles considérables, nettement dessinés par le tissu, fidèlement suivis par les ondes et les pans voltigeants des chlamydes et des prétextes. Les *fibulæ* de leurs épaulières, les boutons de leurs élégantes manches, la place des nœuds, et jusques aux extrémités flottantes de la ceinture ; le partage des grandes masses de la chevelure, la *vitta* de la région temporale, le croissant, la couronne ou le simple élan de la luxuriante chevelure au-dessus de la tête ; son partage, les extrémités de ses longues tresses ; le croira-t-on enfin? les franges, et jusqu'au gland qui termine parfois les pans du manteau et des flottantes draperies ; tout cela suit la marche, la courbure, les croisements des cercles directeurs et tend à les atteindre.

En outre les rangs ou étages formés par les replis des draperies sur elles-mêmes, les vêtements et jusqu'aux grands plis, reconnaissent une égalité de mesure, ou, si l'on aime mieux cette expression arithmétique, de dividende, toute palpable, toute rigoureuse enfin. Que si les draperies, comme le plus souvent, se rattachent ou s'échappent quelque part sous un angle donné : l'artiste investigateur est certain de retrouver ce même angle constamment observé, dans toutes les autres grandes plissures de la statue; chose réellement étrange que cette incessante régularité! Les extrémités libres ou tourmentées de ces flots d'étoffe, depuis leur *vent tissu* si voluptueusement adhérent au nu, jusqu'aux solides ornements de leurs lourdes armures, ne manquent jamais d'être arrêtées par ces éternels cercles, fixées par leurs intersections.

Ces angles au reste, que je viens de dire, ne croyez pas qu'ils se bornent à délimiter les écarts permis à la robe; à grouper les replis de la draperie isolée et parfois si singulière, que l'on observe assez souvent unique et isolée sur le bras, ou les épaules d'une figure du reste entièrement nue : du tout! Les membres, le corps, la taille, la tête, les pieds, suivent tous le même angle, dans une même statue; et l'amplitude de cet angle répond exactement aux diverses quantités de mouvement, où l'artiste a voulu les fixer. De telle sorte cependant, qu'en statuaire comme en trigonométrie, l'angle droit (l'équerre) ne compte point dans l'addition : ne pouvant valoir plus à droite qu'à gauche, vu l'égalité parfaite de la perpendicularité qui le forme.

C'est du moins ce que j'ai constamment observé dans les originaux que j'ai pu mesurer avec détail et qu'un instrument peu compliqué rend accessible, sans nécessiter la protection, rarement artistique, des conservateurs en titre, et qui d'ordinaire ne conservent rien que leur place.

Ne pouvant donner ici la preuve imprimée de ce que j'avance, car le type plat n'admet point les angles solides : je citerai seulement quelques types fort contrastants, dans lesquels cette loi est aussi visible, que scrupuleusement observée. Ce sont le *Génie du repos éternel;* ligne presque droite, et la *Vénus accroupie;* la *Vénus de Milo*, de *Londres*, d'*Arles*, des *Gabins*, et le *Gladiateur;* le *Sauroctone*, et l'*Hercule;* le *Faune*, la *Vénus de Médicis,* celle dite *Génitrix*, aussi bien que l'*Amazone*. Et bien que quelques-unes de ces statues manquent de bras, l'écartement des pieds, leur élévation; la dévarication, les angles au genou, aux hanches; l'inclinaison de la poitrine, des épaules, du cou, le tour de la tête; son obliquité, comme celle du buste, sur l'un ou l'autre côté, etc., offrent encore une douzaine de cas pour le moins, où le hasard, cette ressource de la sottise et de l'ignorance; ne saurait encore une fois, être invoqué sans une absurde impudence.

Est-ce dans cette vaste et persévérante unité que les anciens cherchaient et retrouvaient ces délicieuses harmonies, cette suave homogénéité de l'ensemble, cette inexaustible concorde des moindres détails dans l'idée première et générale toujours si bien gardée?...

Il n'est peut-être pas déraisonnable de le penser; et peut-être aussi pourrai-je y ajouter quelques confirmations puissantes, tirées de ces cas mêmes, lesquels apparaîtraient ici comme exceptions, et ne laisseraient pas cependant que de confirmer pleinement la règle; comme l'on disait dans l'École, sans trop savoir toutefois ce que l'on disait alors.

Mais si le lecteur me passe de n'entrer pas pour le moment dans la discussion d'aucune figure antique en particulier; je puis néanmoins énoncer comme un fait assez constant (car je ne l'ai pas trouvé démenti après l'étude de plus de 700 monuments), je puis avancer encore que l'écartement des pieds, lequel est d'ordinaire de la *diagonale* précitée; passe exactement à deux fois cette diagonale dans les mouvements violents. Voyez par exemple le *gladiateur*, et la *Niobé* fuyant; cette loi des *multiples de la mesure constante* se retrouvera constamment observée dans une foule d'autres circonstances.

Il me reste deux mots à ajouter; le premier est relatif à la coiffure, et plus spécialement à son *excédent;* si je puis nommer de la sorte, la touffe artificieuse de cheveux, le diadème, l'aigrette ou cimier du casque (car on le trouve jusque sur des statues entièrement nues) lequel *excédent* est précisément *le complément de la taille réelle de l'individu; pour que sa figure entière, atteigne exactement le septième cercle* parti des pieds et tracé sur leur longueur.

L'autre a rapport à l'espacement des agrafes ou boutons de la tunique, ainsi qu'aux anneaux qui ornent parfois le fourreau des épées, ou les attaches, croisées, par exemple, sur les faisceaux des licteurs : tous ces mêmes objets sont rigoureusement placés au lieu où le croisement de nos cercles indique leur position normale.

CHAPITRE VI.

DE QUELQUES ACCESSOIRES ÉTRANGERS AUX FIGURES.

Les statues antiques portent fréquemment aux mains des instruments de musique ou de guerre, des attributs divers, des volumes, livres ou tablettes; et parfois, sans que l'on puisse en bien préciser l'emploi, ou la forme entière; des portions de cylindres; que l'on pourrait prendre d'abord pour des fragments de la hampe de quelque

arme ou de quelque thyrse, que rien du reste n'aide à déterminer.
Je remarquerai en passant que ces fragments supposés ne le sont presque jamais en réalité; et cette assertion qui peut éclaircir un point d'antiquité artistique : je n'en fais mention ici, que parce qu'elle passerait pour paradoxale, ou du moins pour hasardée, en face des mutilations bien autrement difficiles, que nous offrent par malheur les plus beaux morceaux qu'enfantèrent les génies d'Athènes et de Rome.

Deux considérations me font pencher pour l'opinion que j'énonce: et les faits qui les appuient, ou plutôt qui me les firent apprécier, mettent au-dessus d'un effet de pur hasard, et classent au nombre des points remarquables de la doctrine que j'expose, ce point singulier.

La première de ces considérations, c'est que je n'ai jamais rencontré ces fragments supposés si ce n'est bornés, limités exactement par deux ou plusieurs des cercles directeurs que j'ai expliqués plus haut : ce qui ne peut, ce me semble, encore une fois être attribué au hasard; il n'est pas ainsi perpétuellement constant. L'autre, c'est que si l'on part de l'une des extrémités de ces cylindres, pour tracer des cercles dont le diamètre soit de la longueur de ce fragment prétendu : la suite et le système de ces cercles, va retomber exactement encore une autre fois, sur tous les points normaux de la figure sur laquelle on opère; coïncidence tellement tranchée par sa multiplicité et son exactitude rigoureuse, qu'elle repousse comme un absurde immense, l'arbitraire allégation de bris fortuits et le mot de hasard, si commode à l'ignorance paresseuse et tranchante.

Cette étrange combinaison des objets en apparence les moins inhérents au sujet, les moins nécessaires, ce semble, à sa composition; et néanmoins enchaînés entièrement à ses plus intimes éléments; est certes bien capable de modérer, si pas de guérir la manie de contradiction et de doute, symptômes habituels et vulgaires, du scepticisme coutumier et aheurté au *far niente* d'une routine sans boussole, errante et arbitraire; mais à laquelle on s'est apprivoisé, et qui, amenant un résultat mécanique quelconque, dispense de penser, d'imaginer même; et vient offrir aux nullités une foule de consolations; une rente honnête de secrets petits triomphes à la médiocrité et à l'opiniâtreté d'un scolasticisme dénué de toute prérogative du génie, hors la persévérance.

Mais une vérité découverte ne manque jamais de conduire à une autre vérité, celui qui sait écouter et ne pas se roidir contre la vérité, quelle qu'elle soit : n'importe d'où elle vienne.

En effet, voici une figure entièrement couverte, épaissement drapée: voilà une statue penchée, chantournée, insaisissable: tenez-là, vous voyez un groupe enlacé, renversé, accroupi: regardez donc ici cette camée précieuse et inimitable, mais… mais vous jetant une image unique, fantastique, tourmentée; au milieu de monstres, de talismans, de... que sais-je? Jeune homme qu'allez-vous devenir?

Téméraire interrogateur d'un oracle obstiné, diabolique, peut-être; quel rameau d'or magique et puissant, allez-vous offrir à la prêtresse d'Hécate pour toucher son inflexible résistance? Sans figure, ni métaphores, sans allusion et sans reminiscences; où allez-vous placer d'abord, jeune artiste métrique, où allez-vous donc placer votre compas?... que va vous répondre le pythonisse, ou plutôt le bronze muet et le froid marbre saccharin!

Ce que va répondre ce marbre froid et le bronze sans parole?... Il me dira : « avez-vous autour de votre unique figure, un œil, une bouche, un pied, un membre: que m'importe! portez ce compas, puisque tant est qu'il vous en faut un; placez-le, vous dis-je, sur cet œil, sur cette bouche-là; en partant de l'œil, de la bouche, de votre figure principale : allez! et avec ce diamètre-là, partez! arrondissez vos cercles, multipliez-les; de chaque intersection de chaque point de départ, encerclez graduellement toute l'image! et je vous réponds, moi, qui ne suis pas un oracle, pas même une Cassandre; je vous dis que, vous n'aurez pas achevé ce tracé-là, que tous les points analogues, d'abord, tous les points importants de votre prototype; ne soient régulièrement et successivement fixés tous : déterminés par votre opération en apparence si hasardée.

Mais je veux aller plus loin; ou plutôt c'est l'Antiquité qui le veut, qui le fait. — Comment? encore plus que cela? et l'œil d'Ulysse lié à celui d'une gazelle fuyant, d'un moucheron peut-être; celui de Philoctète et de quelque oiseau maudit; celui d'Hercule et de la dépouille de Nessus; ou bien le sein d'Auguste et celui de la cuirasse vide, gisant à ses pieds, iront me redonner les proportions vivantes, héroïques, divines de ces marbres impérissables! » Eh! bien oui, ils vous les donneront. Bien mieux; cherchez dans quelque recoin un bouclier à tête de Méduse, un serpent tortillé sur le roc, un volatile sculpté sur un meuble : et, de son œil, de son pied, de son bec, de n'importe quel membre, conduisez votre compas à un autre identique ou non, mais bien marqué, de votre héros; et je vous préviens, moi, que vos cercles ne seront pas beaucoup multipliés; que vous n'ayez couvert votre image d'un réseau déjà pleinement satisfaisant; et juste, avec une luxueuse abondance.

Certes, voilà qui paraît bien la limite possible du régulier et de l'harmonie géométrale. Eh bien! ce n'est pas encore ce que je puis vous montrer de plus fort et de plus extraordinaire, dans votre pensée : de plus ordinaire dans la réalité classique. — Mais! comment?

Comment!!... Voici.

N'avez-vous aucune des ressources que je viens de dire, et le graveur, par exemple, a-t-il par malice ou par hasard, par bravade ou par besoin de varier; a-t-il tellement dessiné son améthyste ou sa camée que vous n'y croyiez trouver aucun point comparable au premier point choisi ? ou bien, voulant aventurer l'épreuve et curieux de pousser un peu votre débauche d'esprit ; entendez-vous, passer inaperçus ces faciles moyens de solution, que vous savez ? suivez-moi ! voici une route grossière et triviale en apparence, mais en apparence seulement ; car je vous la livre comme parfaitement sûre et droite...

Tracez donc autour de vos figures, groupes ou tableaux, n'importe ; tracez un cercle tel, qu'il touche au moins deux points extrêmes de votre dessin, n'importe encore une fois lesquels; pourvu qu'il renferme le dessin en entier. De ces points de contact, décrivez, au même rayon que le premier cercle, d'autres cercles, d'encore en encore : ceux-ci, vous les verrez bientôt traverser, méridiens nouveaux et inviolables eux aussi, les régions précises, les points exacts, que vous ne trouviez pas ; que vous ne pouviez trouver sûrement ; que vous croyiez peut-être introuvables à vos tentatives : et voilà.

Les Anciens concevaient toutes leurs compositions, par ces cercles, et exclusivement dans eux.

CHAPITRE VII.

DU GROUPE ET DE LA DISTRIBUTION DES FIGURES.

Dans les scènes plus ou moins peuplées que nous ont épargnées la faux impitoyable du Temps, ou la barbarie fanatique et superstitieuse des conquérants ; ou la barbarie cagote, parfois cupide (1) de consciences étroites et peu éclairées; la loi que j'expose jusques ici, pour les détails de l'individu isolé: obtient également une obéissance sans réserve, des coryphées de l'Art antique. Seulement la loi se formule avec des modifications dues à la réunion d'âges, de sexes et partant, de tailles variables. La voici:

Les distances des figures, sont toujours exactement mesurées, par le rayon du cercle qui joint la première venue quelconque, à sa voisine; en partant de membre à membre ; ou plus sensiblement, et mieux, plus expéditivement, mesurée d'un ombilic à l'autre. Ces distances se mesurent encore par *les multiples de ce rayon.* Ainsi, par exemple, deux figures voisines, écartent-elles la tête l'une de l'autre ? vous pourrez trouver

---

(1) Le Colysée à Rome, par exemple, et les Barberini.

que leurs yeux seront à *deux rayons* les uns des autres ; tandis que les nombrils ne s'écartent que d'un *seul rayon*.

Mais de toute manière, partez-vous, pour relier ces figures, ou plutôt pour rechercher leur espacement normal ; partez-vous, dis-je, des deux bouches les plus voisines ; tous vos premiers cercles vont, sans aucune tergiversation, vont tout d'abord traverser toutes les bouches du groupe : même celles des animaux qui y sont mêlés ; même celles des figurines, ornements légers du mobilier ; quand il s'y en trouve !... Joignez-vous au contraire les mamelles, par votre compas ; ou les orteils : ce seront les orteils, (les extrémités des pieds, pattes au besoin) ou les seins, que vous verrez subir successivement et toujours sans exception, cette éternelle loi circulaire !

Il faut en dire absolument autant de chaque point apparent de l'individu.

Je n'ai nul besoin de noter que, les flots des draperies, les flexions du corps et des membres, obéissent dans les groupes, aux mêmes exigences, que dans les figures isolées ; mais comme cela se peut deviner, du reste, par le nombre de figurants : les flexions des membres et des torses, se relient assez souvent, et se prolongent entre elles ; elles continueront parfois, les longues ondulations des vêtements, les accidents du sol, des meubles, des décorations architecturales, etc.

Cette dernière observation est tellement exacte, que si les siéges, les tables, les lyres parfois et les boucliers, présentent des arcs de cercle : il suffit de prendre ces arcs pour base, de les achever, d'en continuer le réseau de 60 en 60 degrés ; pour parvenir à retrouver ce réseau normal, aussi prodigieusement exact, que si vous aviez pris pour point de départ, les parties les plus essentielles de la figure principale. Tant, encore une fois, rien, rien au grand jamais, n'est chez les Antiques, abandonné à ce vague hasard, que bien des artistes aujourd'hui décorent du nom de génie et de goût !

Ces lois règnent encore et sans exception aucune, dans les simples bustes, accompagnés de quelque attribut ; qu'ils soient isolés et détachés, ou adhérents à la personne, n'importe. Tels on en rencontre dans plusieurs médailles et pierres gravées, dans des bas-reliefs : portraits ou idéaux.

J'énonçais en commençant ce chapitre, une modification relativement à l'âge des figures ; la voici : *Lorsque le mélange des âges, ou des sexes, mettrait en défaut la coïncidence normale, des parties correspondantes de statures si diverses, à raison de leur inégale élévation sur le même sol : l'artiste de l'antiquité* NE MANQUE JAMAIS *de les relever convenablement :* soit par *un nuage, une pierre, une marche,* même *une table ;* de manière que les points correspondants se trouvent compris dans le cours des cercles, leurs analogues. Les groupes du *Laocoon*, la *Vénus et l'Amour*, le *Pirame*, en offrent des exemples familiers et frappants.

CHAPITRE VIII.

DE LA LOI GÉOMÉTRIQUE, BASE DE LA STATUAIRE ET DE L'ARCHITECTURE.

Les conséquences du principe pratique exposé jusqu'ici, fortuites, ce semble d'abord, mais qui, si on les envisage d'un coup d'œil rétrospectif et synthétique, apparaissent comme de grandes et frappantes ramifications d'une magnifique unité ; l'ensemble, disons-nous, de ces lois si simples à concevoir, si faciles à pratiquer, repose sur une donnée géométrique également facile et simple.

Et ce n'est pas seulement le corps humain, ce profond Microcosme du Moyen âge, avec tous ses accessoires naturels, ou de pure civilisation, de mode locale et chronologique ; qui subit de la meilleure grâce possible, ce joug, en apparence si gênant : ce sont encore, ce sont aussi, les gracieuses et sveltes colonnes de ces admirables artistes ; ce sont leurs chapiteaux et leurs entablements si ornés, si capricieusement (du moins on le croirait), si capricieusement décorés ; lesquels viennent, avec une incroyable fidélité, se ranger sous les mêmes lois : c'est un seul type qui servait également pour tout !...

Et ce type quel est-il donc ?... Écoutez ! écoutez encore quelques mots de géométrie : vous avez dû, mon cher lecteur, vous armer à l'avance contre l'ennui que ce nom réveille dans certains esprits, et y préparer votre cœur.

Pour quiconque a reçu les moindres notions quelque peu raisonnées, du cercle en rapport avec des lignes droites ; c'est un point tout à fait élémentaire, que : « toute intersection de cercles, peut se représenter par des angles, et des lignes droites, rayonnant diversement, d'un ou de plusieurs points. »

Les cercles entrecoupés, dont nous nous sommes entretenus jusqu'à présent ; suivant la direction d'une seule droite, ne répondent en effet aussi qu'à un *seul centre*, un *seul foyer* : si mieux on aime cette image, dont les géomètres, ni les physiciens ne contesteront certes pas la justesse ; non plus que les vrais physionomistes.

Et comme sept de ces cercles s'entrecoupant de la manière que nous avons vue, s'enlacent régulièrement de centre en centre : il ne fallait pas être un Archimède ou un Newton, pour s'apercevoir que, tout ce système de points d'intersections et leur application si admirable aux proportions humaines, répondrait rigoureusement, à une *série correspondante et régulière, d'angles parfaitement égaux; partant tous d'un point seul et unique.*

Première conclusion. — Voici la seconde :

Le *lieu* de ces intersections étant un cercle ; ou, un peu moins géométriquement et plus artistiquement dit : les lignes ici, roulant toutes sur une circonférence de cercle ; il devait *s'y trouver un nombre illimité de points,* d'où ces lignes droites partant, formeraient les angles voulus pour tomber exactement sur ces points si magiques ; ces intersections, que nous avons déjà nommées tant de fois.

Cette conclusion est aussi une vérité très-réelle.

Ainsi, *partez d'un point au niveau de la tête,* ou *des pieds,* ou *du milieu de la figure* (je m'arrête aux extrêmes, comme on voit : c'est en haute logique, la théorie exclusive des probations), *et marchez par angles de* CINQ *en* CINQ DEGRÉS : *vos lignes angulaires vont rencontrer* avec la plus miraculeuse précision, dans chacun de ces cas si inverses l'un de l'autre, *rencontrer encore une fois, tous les points principaux de vos figures!...* Parfois même (si par aventure vous n'aviez pas choisi un type raide et tout simplement anatomique) vous en verriez les gestes et les poses s'harmonier assez curieusement avec ces nouvelles inflexibilités... Mais ceci, mon cher artiste, gardez-en moi le secret, je vous prie, et que cela reste entre nous! Car vous le sentez bien, je ne puis tout approfondir : et, voyez-vous, je voudrais bien, moi aussi, avoir ma petite exploitation de célébrité, en monopole : c'est bien le moins, n'est-ce pas? je ne suis pas riche, voyez-vous! et l'est-on jamais assez à moins de l'être trop (1) ?

Aussi ce point ainsi discrètement réglé entre nous; ne me demandez pas non plus, pourquoi mes centres de lignes demi-décimales, doivent s'éloigner, à la tête, d'une longueur de la *diagonale du pied* (ang. 70°) : aux pieds, de la hauteur du pubis (ang. 65°) : ou au nombril, de six longueurs du pied (ang. 70°), etc., etc. (Voir les figures.)

Je n'aime pas ces questions peu délicates, cela s'entend ; elles sont décidément cupides, puisque je n'en sais rien, de ce pourquoi ; et, qu'en ma qualité de savant profond, j'entends faire accroire au public, que si je ne lui en dérobe la connaissance, ce n'est que par une certaine jalousie orientale. Alors, pendant qu'il m'en blâmera, ou peut-être m'en admirera d'autant plus : car vous le savez, à une belle et grande découverte présentée toute entière en une fois ; la réponse toute naturelle, de tout le monde, est, N'EST-CE QUE CELA?... *mais cela est tout simple!* ou bien, *oh! oui, il y a longtemps que je savais cela!...* Pendant donc que le public, me bafouera, parce que je ne voudrai pas être sifflé comme admirable ; moi je tâtonnerai, je piocherai, ou je ne piocherai pas du tout : je n'essaierai aucun tâtonnement secret; comme cet *illustre Champollion* plus ou moins *le jeune* le faisait

---

(1) *Le nécessaire,* a dit un moraliste, *c'est un écu de plus que le superflu.*

pour sa LECTURE *des hiéroglyphes* et sa très-hiéroglyphique grammaire ; ou comme jadis Tchirnaus le fit pour ses *Caustiques*, qui étaient vraies, et ses *catacaustiques*, qui ne l'étaient pas : mais que d'autres (des académiciens pourtant) ont démontrées, et pas le moindrement lui. Ou bien, comme parmi nous, a us et coutume de faire, ce Savant qui *a toujours inventé ce que les autres inventent ; mais malheur, ou modestie déplacée, ne publie jamais, qu'après eux* ; comme moi aussi qui inventai tout bas, les *accordéons*, les *physionotypes* et presque les *Garanties du Droit Canon, pour les ecclésiastiques persécutés* ; ou leurs persécuteurs.

Je vous prierai aussi, de me tenir excessivement secrètes les incroyables découvertes que je compte aussi faire, sur les rapports prodigieux de nos susdites proportions (proportions humaines), avec celles des *sept couleurs de l'arc-en-ciel* ; et les *sept sons de notre gamme*, nullement grecque cependant, ni persépolitaine : envisagée soit comme *nombres* respectifs *des vibrations* de ces sonorités, soit comme exprimant la *longueur de leurs cordes sonores*. Ces secrets-là, voyez-vous, sont trop importants aux yeux de l'honnête charlatanerie dont il est toujours bon d'entourer son mérite ; et l'ours que l'on voudrait *placer* ; pour ne pas les garder, mitonner et préparer à propos : soit qu'il s'agisse de raviver l'attention du public, et son avidité pour la science ; soit qu'il faille se donner une bonne petite édition augmentée, un tout petit brevet de perfectionnement ; ou se dispenser pendant quelque temps d'avoir de l'esprit et de l'invention. Vous voyez, je suis dans les bons principes, et si je me risque d'imprimer cela, c'est que cela serait fort utile et quelque peu opportun aux RR. Pères *Bollandistes* que vous savez ; lesquels, malgré leurs 6,000 fr. annuels au budget, n'ont, depuis tantôt dix ans, accouché comme on dit, que d'une peu épaisse brochure en latin (non tout à fait sans fautes), où ils nous *apprennent, qu'ils ne sont* PAS CAPABLES *de continuer l'ouvrage des Bollandistes, qu'ils continuent cependant toujours....* en touchant par an 6,000 fr., que nos mauvaises villes et nos bonnes campagnes leur paient. Ainsi.... —

Mais laissons-là nos bassesses actuelles, pour reprendre avec le sérieux grave après le sérieux badin, le grandiose antique dont nous étions si loin !

De quelque manière que l'on envisage ces étranges coïncidences latérales, si je puis ainsi parler, ou épisodiques ; on peut en formuler le résultat général, de la sorte : *toute figure normale, est arrêtée dans ses proportions, par des angles de 5 en 5 degrés, divisant un angle de* 70 DEGRÉS, *lequel embrasse entièrement cette figure.*

Et comme la figure de l'antique, transportée dans le piédestal de ses colonnes, s'harmonie parfaitement avec celles-ci, dans leurs moindres détails : de même aussi, la série des angles de 5 en 5 degrés, que je viens de montrer si bien nous rendre les proportions vivantes ; nous donnent également bien, celles de la pierre architectonique ; soit qu'on l'explore par l'entablement et le chapiteau, soit que l'on étudie par ces lignes, le piédestal ou le fût: dans les *trente-cinq* ordres de colonnes qui nous restent de l'antiquité romaine, grecque, persane, égyptienne.

Je m'arrête ; il ne pouvait entrer dans ma pensée, de faire un Traité sur la matière ; bien moins de le rendre complet, et d'annoncer ainsi la prétention d'en remontrer à mes maîtres. Que dis-je? aux maîtres de deux arts, auxquels je n'entends absolument rien. — Je leur offre mes découvertes : espérant qu'elles deviendront fécondes entre leurs habiles mains.

Seulement je leur demanderai la permission, de joindre ici deux mots : l'un sur la *diminution* du fût des colonnes ; l'autre sur le *pas humain*, considéré comme *module* réel de toute l'architecture. On voit que je rentre tout naturellement dans mon sujet ; le choix que firent les artistes de l'antiquité de la longueur du *pied*, de préférence à toute autre mesure ; semblant annoncer, que ce n'était ici qu'une seule théorie, présentée dans deux explications différentes ; et dont j'essaierai de donner la raison satisfaisante, adéquate (1).

(1) La diminution, ou plutôt l'amincissement des colonnes depuis 1/12 jusqu'à 1/6 du diamètre (chose comme mille autres ici, toujours laissée dans un aimable vague) ; aurait-elle quelque trait à la proportion des diverses espèces d'arbres forestiers, qu'elle pourrait, par hypothèse, rappeler ? Je n'en sais rien. Toutefois, voici comme curiosité, ou *amusement* d'architecture, voici ces proportions, du sol jusqu'à la couronne ; d'après les *principes de dessin de M. Deshayes* ; proportions, que je n'ai pas trouvées trop inexactes dans mes observations, du reste, nullement obligatoires pour mes lecteurs.

Nom de l'arbre.	Hauteur en diamètres.	Proportion.
Noyer	4 1/3	26
Charme	5	30
Tilleul	6	36
Orme	6	
Maronnier	6 1/2	39
Hêtre	6 2/3	40
Bouleau	7	42
Sapin	7	
Tremble	8	48
Platane	8	

J'ignore comment et pourquoi ce brave M. Deshayes de bocagère mémoire a oublié précisément le Chêne, je lui aurais passé le *frêne*, l'*érable*, le *blanc*, le *cèdre*, voire même l'*acacia* ou le *tulipier* ; mais le chêne, oh ! M. Deshayes, on voit bien que vous ne dessiniez guère que votre nom !...

Peut-être l'amincissement des colonnes se rapporte-t-il au *soutien de la plus grande résistance* des géomètres, et qu'Amontons (je crois) a prouvé avoir la forme d'une trompette renversée (un *conoïde hyperbolique*, si je ne m'abuse.)

DÉCROISSEMENT APPARENT DES COLONNES SELON LA POSITION ET L'ÉLOIGNEMENT DU SPECTATEUR.

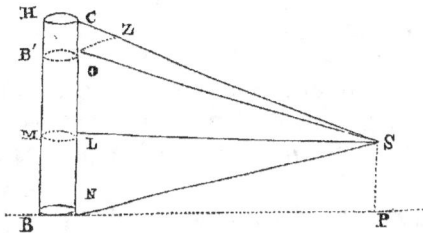

Soit la colonne $coln$ vue de s ; sm rayon principal, ol égale à $ln = sp.$, oz arc de cercle tracé de s.

Dans cette position, quelle que soit la proportion de la colonne, les diamètres $b'o$ et bn apparaissent égaux ; les distances so et sn étant égales : le diamètre ml paraît le plus grand comparativement, et le diamètre hc le plus petit de tous, comparativement aussi ; la distance cs à l'œil du spectateur en sp, étant plus grande de la quantité cz, que la distance $os = ns$.

Cela posé, cherchons la proportion de hc à bn, pour telle distance ls, et telle élévation $sp = ln$ que l'on voudra.

sl étant perpendiculaire à nl, nous aurons :

$$cs^2 = cl^2 + ls^2 \text{ et } os^2 = ol^2 + ls^2$$

et à cause de $ln=ol=sp$ et de $os=ns$, on aura :

$$cs^2 = cl^2 + ls^2 \text{ (ou } np^2) \text{ et } os^2 = sp^2 + np^2$$

Ainsi l'on aura : $bn : hc = \sqrt{(cl^2+np^2)} : \sqrt{(sp^2+np^2)}$

car la grandeur apparente, est en raison inverse des distances à l'œil ; tandis que ml (qui peut servir de module perspectif), et cn, seront constamment comme np ou

$$cn : c'n', \text{ et } ml : m'l' = np : n'p'$$

d'où l'on voit que la proportion de la colonne varie à chaque point que l'on prendra dans un même plan vertical passant par son axe.

Voyons cela dans l'application :

Soit la colonne de 50 pieds ($cn=50$), la hauteur de l'œil ($sp.=10$ pieds) ; donc ol et $on=10$ pieds, et par conséquent $cl=30$ pieds : le minimum de np ou ls, sera de 20 pieds ; moins que cela, l'angle nsc serait obtus, et le spectateur ne verrait pas la colonne tout entière d'un coup d'œil.

Cela posé, supposons d'abord la colonne cylindrique, et de 6 pieds de diamètre. Dans le minimum de distance nous aurons l'équation,

$$bn : hc \sqrt{(cl^2 + np^2)} : \sqrt{(sp^2 + np^2)} : x$$

qui deviendra : $6 : x = \sqrt{(900+400)} : (100+400)$ ou environ $13 : 9$

Le diamètre du sommet paraîtra de 4 pieds 1 pouce et environ 1/4.

Par une marche semblable, on trouvera, qu'il paraîtrait de 5 pieds

(6 : 5), à pareille hauteur, mais à environ 88 pieds 8 pouces ; et qu'il eût paru de 3 pieds, à une distance d'environ 13 pieds ; mais de si près, on ne verrait pas la colonne entière, en un seul coup d'œil.

Il est évident que si la colonne allait en diminuant (comme cela se prescrit), la proportion en serait encore plus atténuée. Ainsi, supposé qu'on la diminuât d'un 1/6, comme cela se pratique parfois ; à 13 pieds, elle paraîtrait avoir au sommet, le diamètre, de 2 1/2 pieds ; à 20 pieds, d'environ 3 pieds 10 pouces 1/2 ; à 88 pieds 8 pouces de 4 pieds 2 pouces.

Remarquez que, dans tous ces cas, la colonne paraîtrait cependant avoir 6 pieds de base, et 50 pieds de hauteur.

Une considération universellement négligée, toujours en conséquence des mesures abstraites des Vignoles quelconques de l'art moderne ; c'est l'apparence des grosseurs et des proportions infiniment variables, à raison :

1° De la distance des colonnes, au mur faisant le fond du bâtiment; ou du rideau quelconque, fourni par la localité ; tels que le site, le ciel, le gazon, etc. ;

2° De la couleur de la pierre dont la colonne est extraite ;

3° De l'irradiation des objets voisins : tant à raison de leur couleur et de leur éclat, que de celle dont ils reçoivent la lumière ;

4° De la position du spectateur, et de son point de vue ; tant à raison de l'éloignement et de l'élévation où il se trouve, que sous le rapport de la lumière qui l'enveloppe lui-même.

Car il n'est pas jusqu'aux coquettes du plus bas étage, qui ne sachent que le *blanc épaissit*, tandis que les autres teintes de plus en plus foncées, jusqu'au noir, cette limite extrême du maigrissement (autre harmonie avec la mort) : diminuent très-sensiblement l'apparente grosseur des objets, en vertu de l'*irradiation* ; c'est-à-dire, de plus ou moins grande quantité de rayons lumineux, qui, partis de leurs contours, frappent l'œil d'une image élargie de toute cette auréole de splendeur accessoire.

L'architecte en général, l'artiste ornementiste en particulier, et le statuaire aussi, pourront, je le crois, ne pas négliger ces faibles aperçus ; des expériences bien faites et spéciales, feront le reste dans l'occasion. Si je ne nomme pas les peintres, c'est que tous les premiers, ils devront savoir qu'ils représentent, non ce qui est, mais ce qui paraît.

SUR LE PAS HUMAIN COMME MODULE D'ARCHITECTURE.

Il n'y a pas assez de bon sens commun dans la science en général, mais bien particulièrement dans celles qui ont pour objet l'homme. Si l'on s'était fait ce bien simple raisonnement :

Les maisons et autres habitations étant faites pour être habitées, c'est-à-dire pour abriter et contenir des hommes et des femmes qui vont et viennent; il faut que les *mesures de distances* et de *hauteurs à franchir* dépendent de la *longueur de leur pas*, d'où une marche d'escalier, *un pas juste*.

La longueur du palier jusqu'à une porte, *tant de pas, juste*.

De l'ouverture de la baie d'une porte à l'autre porte, *tant de pas, juste*.

La longueur et la largeur des pièces, vestibules, cours, *tant de pas, juste*.

Les distances continues, je veux dire, la suite de plusieurs pièces et êtres; comme du cabinet par le salon, à travers l'antichambre, le long du corridor, en franchissant l'escalier, pour atteindre la porte de la rue, après avoir traversé la cour; encore une fois, *tant de pas, juste*.

Les impasses, un *nombre impair de pas*; afin de pouvoir s'en retourner sans faire un *faux pas*: c'est-à-dire, ici *trois mouvements pour faire deux pas*, en se tordant.

Partout le *pas toujours égal*.

Enfin le pas, mesuré sur l'âge et le sexe du plus grand nombre des habitants du logis; ou de ceux que l'on veut ménager, favoriser.

Car si vos mesures par pieds et pouces, mieux (selon la loi et les savants de 1798) en mètres et millimètres, ne vous donnent point *un nombre rond de pas*, vous demeurez *trop éloigné de l'objet* à atteindre de *la moitié*, ou d'*un tiers de pas*; il vous faudra faire un *faux pas supplémentaire*, pour y arriver. Ou bien, vous resterez *suspendu sur un pied*; en attendant que la porte ouvre, que la personne qui franchit le seuil soit passée, etc.

Si vous n'avez point des *distances exactes en pas*, vous arrivez à la première marche d'un escalier, ou trop tôt: et vous tomberez en bas; ou trop tard: et il faudra pour vous rattraper, *faire un faux pas*, un demi-pas: essayant de gagner juste la ligne de cette première marche.

Si vos portes ne sont point espacées par pas, vous donnerez du coude contre l'un chambranle, ou du front contre l'autre; ou bien force vous sera de *tourner trop court*, et de vous tordre: en faisant un *pas courbe*, et *faussé* par trois ou quatre mouvements.

Si vos êtres et les *distances* que j'ai appelées *continues*, ne sont pas subordonnées à des pas exacts: vous chopperez aux marches, ou vous devrez *changer de pied*; ce qui rend la marche chancelante, et en tout cas, fatigante, sautillée, sans dignité; ou vous heurterez les allants et les venants, par le conflit double de vos *pas fractionnés*, et qui *ne s'emboîtent* pas; à raison qu'ils *seront tous en nombre pair*.

Les palais, les temples et autres édifices graves, où le parallélisme est de rigueur, et la marche nécessairement sans cadence; mais régulière, sévère : demandent exclusivement la *proportion binaire*, dans le nombre des pas ; attendu : qu'il n'y a dans ce rhythme qu'un *temps fort*, un *frappé* contre un *levé ;* ce qui offre et produit un caractère *soutenu, égal, grave*. Tandis que le *rhythme par trois*, contient *deux temps faibles, contre un seul fort*, et donne à l'allure quelque chose de la valse, dont il est le module.

Les *rhythmes brisés,* irrégulièrement *mêlés ,* affectent un caractère étourdi, sauvage, capricieux. — Ils fatiguent par le changement arithmique et imprévu : c'est le cas du *traulage,* et du jeu des enfants.

L'*inégalité de mesure du pas*, fait, ou chopper le marcher en montant ; ou tomber de manière à saisir, en descendant ; ou frapper rudement et désagréablement, dans l'un et l'autre de ces actes.

Dans un local qui n'est pas de plein-pied, la *mesure du pas est commandée par la première* marche qui s'y rencontre, et doit s'observer en rigueur, avant et après cette limite modèle.

Dans un escalier, si *vous allongez le pas, vous devez le baisser dans la même proportion :* donc plus *vous voulez hausser la marche*, *plus vous la devez rétrécir ;* plus la *marche est large* et plus la *contre-marche doit être basse*.

La meilleure proportion de la *contre-marche* à la *marche*, dans une rampe, c'est celle *du côté du carré à sa diagonale :* les perrons doivent *être calculés, en tenant compte du demi-pas restant, après* que l'on a franchi *la dernière marche* qui y aboutit.

Les escaliers tournants sont les plus commodes, là où il y a des âges et des sexes différents réunis : car ils renferment, ou peuvent renfermer, s'ils sont bien faits, toute espèce de pas différents, selon qu'ils sont *montés droit,* ou *obliquement*.

J'oubliais de dire que, lorsqu'il s'agit de construire un édifice quelconque, dont on a dessein de se rendre l'usage commode à des âges et des sexes différents, confondus dans une vie commune ; ou à tout âge, à tout sexe indistinctement ; il faut prendre pour *module général*, non point un *seul pas* exclusivement ; mais une *échelle*, une *somme déterminée* qui se divise régulièrement, et se décompose *sans fraction,* en *tant de pas d'homme, tant de pas féminins,* et tant de petits *pas d'enfant* A LA FOIS : avec cette précaution-là, tous les êtres seront pour tous d'une égale facilité dans les mouvements, d'un agrément égal et miraculeux (1).

(1) Soit le pas masculin 6, le féminin 5, l'enfantin 4, le *module général* sera 60 ; seul nombre divisible, à la fois, en 4, 5 et 6 parties, sans reste, pour tous. Pour *hommes et enfants* ce serait 12 ; pour *hommes et femmes* 30 ; pour *femmes et enfants* le module deviendrait 20.

SECONDE PARTIE.

CONSIDÉRATIONS

SUR

LES LIGNES ORDONNATRICES

DANS LES ARTS

DÉRIVÉS DU DESSIN OU DE LA SCULPTURE.

En étudiant comparativement les monuments des beaux-arts anciens et modernes, sous le beau ciel de l'Italie et ailleurs, je me sentis pressé de chercher la cause de l'immense éloignement qui sépare l'art moderne de l'art antique. Il n'était pas nécessaire d'avoir une bien grande connaissance de nos sciences modernes, pour s'apercevoir tout d'abord, qu'il ne fallait pas en rejeter la faute sur l'art proprement dit ; je veux parler de la détermination des proportions du corps humain, des lois de la perspective, de l'anatomie, et surtout du coloris.

Le sentiment artistique ne pouvait pas non plus être indiqué, comme solution complète de ce problème célèbre : puisque les Anciens n'offrent pas cette disproportion si grande qui nous frappe quand nous passons de leurs ouvrages à ceux de nos contemporains ; bien que, selon la loi générale, les hommes d'alors devaient être aussi très-inégaux entre eux.

Restait parmi les choses données pour explication, le sentiment, le tact, ou si l'on aime mieux, le pressentiment de l'*idéal* ; cette sublime invention de l'Antiquité. Mais cet idéal lui-même, dont nous n'avons peut-être pas encore retrouvé la route ; ne semble pas, lui non plus, répondre à la plupart des cas, où une désespérante supériorité, recule bien loin de nous les œuvres de l'art ancien.

N'avons-nous pas vu, plusieurs fois, et encore tout récemment, des têtes, des figures entières ; des corps de bâtiments aussi, réunis.

rajustés par des modernes, produire l'ensemble le plus bizarre, le plus désordonné? et l'idolâtre de l'antique, David, n'est-il pas devenu proverbial, par la glace de ses compositions, et leur classique roideur?

Il y a donc quelque chose de plus que tout cela, qui demande à être examiné, étudié, approfondi. Mais quel est cette énigme si cachée? Le caricaturiste anglais, Hogarth, l'avait senti; mais sa brochure sur les lignes du dessin, beaucoup trop vantée, je crois, à part le vague de ses notions fondamentales, inexcusable dans un artiste qui écrit, et dans un caricaturiste aussi spirituel en particulier; peut se résumer en ces deux mots: *la grâce est dans la ligne ondulée, la roideur est dans la ligne droite*.

J'ignore si personne tira jamais quelque profit de cette leçon presque puérile, sous tant de rapports.

Il faut donc, et fouiller plus avant dans ces antiques ténèbres, et mettre ses découvertes dans un plus grand jour.

En examinant avec persévérance, mais presque plus sans nul courage, les statues antiques; je remarquai que, directement contraires aux modernes, elles paraissaient toujours belles et bien posées, de quelque côté qu'on les envisageât. Ce n'est pas que le spectateur, comme probablement l'artiste créateur, n'eût pas ici un point de vue de prédilection, ou même d'illusion et de convenance: mais toujours les Antiques me faisaient plaisir, de quelque point de la circonférence visuelle que je les considérasse; les modernes, au contraire, n'étaient guère supportables que d'un seul de ces points; et, toujours choquantes, vues de la plupart des autres points de ce cercle, que l'on parcourt en les étudiant dans tous les sens.

Un hasard m'éclaira sur ce point, où me semblait se trouver le nœud de la difficulté. Le voici:

Tous les artistes connaissent ces figures dessinées par *leurs essieux*, et dont la signification, souvent même l'expression, ne sont nullement équivoques. Ces ordonnées d'une géométrie toute gracieuse, m'occupaient particulièrement, quand les beaux dessins que M. Mary, aujourd'hui notre ambassadeur en Grèce, rapportait alors du Brésil, me furent communiqués avec cette grâce si parfaite et si modeste, qui caractérisent notre aimable diplomate.

Les contours inouïs, les évolutions si gigantesques des Mangles et des Lianes de ces forêts primitives et vierges; les ondulations étranges de ces terrains tropicaux, aux rêveries obligées et irrésistibles; comparés aux rigides *essieux* dont je viens de parler, me firent apparaître une solution possible dans ces images d'une profondeur et d'un indéfini admirable, autant que saisissant; ce sont les développements de ces impressions, raisonnées après coup, systématisées ensuite, et appliquées enfin à plusieurs types d'un caractère très-varié et d'un mérite reconnu, que je prie les artistes de vouloir bien apprécier.

Je commence.

Dans toute représentation, dans toute composition destinée à être conservée immuable; aussi bien que dans les groupes passagers des mises en scène mobiles, et dans les accessoires de l'humanité vivante, agissant, conversant, posant : on peut, on doit tenir compte de trois états bien distincts :

Ou l'objet affecte le repos absolu, quel qu'il soit : natif, ou transitoire; ou bien il existe en mouvement, supposé, sinon réel; ou enfin, il sort de ce mouvement, se prépare à s'y abandonner, le commence ou le finit ou l'achève.

Trois ÉTATS; *Repos*, *Mouvements*, *Intentions*, c'est-à-dire volonté, passions : par conséquent, animation, esprit et finesse; puissance et profondeur. Suivons ces trois caractères, après avoir donné un coup d'œil sur la valeur des lignes en général; autre sujet capital et que les artistes n'ont abordé en aucune manière, que je sache.

Le *point* ne saurait être conçu que comme le lieu d'un repos absolu; l'indication de l'immobilité la plus entière. C'est *l'unité solitaire.* Tout ce qui s'arrête là, devra nécessairement porter avec soi cette idée de fixité stationnaire et monumentale; cette station inébranlable des corps inertes et résistants.

Ainsi la perpendiculaire à l'horizon, que l'on peut considérer comme une continuelle superposition de points immobiles; les angles droits, qui se forment de droites s'appuyant l'une contre l'autre, dans un repos absolu; les parallèles, dont rien ne saurait déranger l'exacte équidistance; répondent toutes à des idées, à des sentiments de fixité stable et indéfinie.

On a dit, *droite c'est le repos*, la *courbe c'est le mouvement*, c'était articuler une erreur si palpable, que j'ose à peine la relever. N'est-il pas visible en effet que, faisant abstraction des lignes surplombées et obliques à l'horizon, lesquelles menacent, ou du moins font présumer une *chute* plus ou moins prochaine; n'est-il pas, dis-je, sensible qu'une perpendiculaire non soutenue, alarmera tout autant que l'idée de la chûte accélérée des corps pesants suivant le chemin le plus court au centre commun des graves?

D'un autre côté, le cercle, donné, je ne sais trop pourquoi, pour la courbe la plus parfaite; n'est-il pas simplement un point élargi, ou multiple? et n'est-ce pas aussi un repos infini?

Le lecteur voit que je n'ai pas fait entrer ici les *mouvements horizontaux*, en ligne droite; ni la *résistance* des courbes, si sensible dans les arceaux et les voûtes.

Qu'est-ce donc que *la droite*, dans le sujet que nous traitons?

La droite est la *direction unique, et possible* d'un mouvement : la courbe appartient à un *mouvement forcé*; puisqu'à chaque point de son contour, la courbe change de direction; et que le corps qui s'y meut, tend incessamment à s'échapper par sa tangente, de cette route obligée.

La solution d'une courbe sur une droite, porte donc dans l'esprit une idée de liberté; ou, pour parler beaux-arts, de *désinvolture*.

La solution d'une courbe sur une autre courbe, est la transition d'un mouvement à un autre.

La dégénération d'une droite en courbe est, selon les circonstances, le passage d'un repos à un mouvement; ou bien, la combinaison graduelle de mouvements (de directions), complexes et nouveaux, avec un mouvement simple et unique.

La transition d'une droite à une autre droite (l'Angulaire, comme disent les dessinateurs et les orateurs); est associée à l'idée d'un *choc ;* d'un *heurt,* d'une résistance brusque; proportionnels tous à l'acuité de l'angle décrit : comme il est sensible pour ceux même qui n'ont pas entendu parler du *parallèlogramme des forces* de nos mécaniciens.

Ce n'est pas à dire, encore une fois, que la *ligne droite soit la résistance,* comme on l'a dit cent fois trop légèrement. Car la ligne droite peut fort bien être *la fuite,* même la plus précipitée, et de fait elle l'est toute seule; d'après l'axiome du *chemin le plus court.* Voyez par exemple une cascade (en ligne courbe; *parabolique*) dont les eaux descendent, après leur saut, une pente rapide ! Mais la courbe est souvent une résistance et précisément par sa courbure : voyez encore une fois la voûte, dont nous parlions à l'instant; les *arcs*-boutants des cathédrales, la spirale dans les ressorts des pendules, etc.

Il y a plus.

La courbe menace, dans tout ce qui rappelle un corps élastique, comprimé fortement et capable de se débander avec roideur. Elle *écrase* sous le poids menaçant de chutes combinées. Car il ne faut jamais perdre de vue, que toute *courbe est multiplicité,* et toute *droite unicité.*

Nous venons de voir que la *droite n'est* guère *que d'une espèce,* et que les courbes sont au contraire différentes. Elles le sont en effet infiniment, disent les géomètres; elles le sont beaucoup, diront les artistes que je nommerais volontiers *dromographes.*

Ceci demande quelques explications. Mais avant de les exposer, j'ai à faire encore une remarque générale sur les droites.

J'ai dit que ces lignes *n'étaient* GUÈRE *que d'une espèce :* cela est rigoureusement exact en effet : si l'on fait abstraction de l'intervention humaine, ou du moins vivante, dans leur système. Mais comme les arts (passez-moi le terme) *dromiques* parce qu'ils s'occupent tous des mouvements, et des *poses,* qui l'annoncent ou bien en résultent, et tels que la déclamation, la danse, le dessin et la peinture, le paysagisme, l'escrime, l'art dramatique, et, plus qu'on ne le pense, l'architecture ; comme dis-je, tous ces arts ne peuvent se concevoir que comme reproduisant des esquisses historiques de l'humanité, de la création vivante et animée : il s'ensuit que, *tout doit pouvoir y être expliqué par des raisons valables, et suivies; démontrables par le mouvement.*

On entrevoit ici, ce qu'en termes de critique artistique, l'on appelle *motivé;* l'on aperçoit déjà les bases premières, sur lesquelles l'examen rationnel et normal de ces motifs indiqués, doit, ou peut être appuyé.

Or, comme il faut quelque puissance, quelque volonté, pour amener un corps à changer de direction, pour le déplacer, pour l'émouvoir : il devient évident, je pense, aux yeux de tout le monde, que, *toute droite élevée au-dessus de l'horizon,* ou (si vous aimez mieux) *au-dessus du sol; suppose l'intervention d'une puissance vivante, ou du moins sensiblement active ;* intervention que ne nécessitent pas les lignes s'étendant sur le sol même ; sur le plan géométral de la perspective : du moins pas toujours rigoureusement.

Il faut en effet tenir compte de la *symétrie*, de l'*équilibration* et du *parallélisme;* phénomènes évidemment *intentionnés, dirigés;* et dont nous aurons bientôt à nous occuper.

Ici nous pouvons entrevoir encore une fois, comment, *dans de simples positions, par de seules droites* l'esprit laisse voir des intentions profondes, des combinaisons sages ou adroites ; comment, des mouvements d'intelligence, ou de cœur, fins et délicats, pourront être reconnus, annoncés et pressentis. Nous voyons déjà d'ici la plus inerte matière, s'illuminer subitement de tous les éclairs de la pensée, s'échauffer de tous les feux de l'amour, s'animer de toutes les exubérances de la vie.

IDÉE DES COURBES EN PARTICULIER.

Tout mouvement, produit d'une seule impulsion, est nécessairement rectiligne. Car une droite n'est autre chose qu'une tendance, un rayon, déterminés par deux points; et dans tout mouvement vous avez le *point d'application de la Puissance* et le *point de la station du Mobile.* C'est le *point d'appui* du levier et le *point d'attache du fardeau,* en mécanique ; le centre et la circonférence, en géométrie.

Si, durant le développement progressif de l'impulsion, et avant que sa force ne soit entièrement épuisée ; aucune autre Puissance n'est venue interposer d'obstacle entre le point de départ et le but de la direction du Mobile ; celui-ci parcourra une ligne droite, enfermée entre les deux points extrêmes du repos : *le départ* et *le but.*

Survient-il au contraire un obstacle indéclinable, et, condition essentielle, oblique à la première direction acquise; le Mobile prend une direction nouvelle; *résultante*, comme disent les mécaniciens, de la primitive, qui se trouve alors modifiée par la nouvelle-venue et, alors il *décrit un angle*, assignable à l'avance; parce qu'il est en proportion exacte des forces, et de leur obliquité décroissante. Cet angle, si plusieurs obstacles successifs et toujours les mêmes, se présentaient à la rencontre du Mobile; dans les mêmes circonstances *de temps*, (intervalles) *de positions*, (*angles* de la direction conservée) *de force* (proportion) : cet angle, on le voit clairement, se retrouvera modifier la dernière direction du Mobile, chaque fois que ce Mobile aura rencontré quelq'un de ces obstacles; et sa direction totale se trouvera décrire un *polygone*, ou du moins, une *ligne polygonale régulière*.

Au contraire, l'inégalité des intervalles, des forces ou des angles suivis par les Puissances, produira les lignes *irrégulières, saccadées, brisées, torturées, inappréciables*.

Dans ces conditions diverses d'irrégularité géométrique, se retrouvent les éléments de la *continuité*, de l'*égalité*, de la *facilité* ; comme aussi ceux du *trouble*, du *désordre*, de la *confusion*, de l'*anarchie* et du *délire*. Autre large et féconde introduction du moral, et du spirituel, dans la matière : *Spirantia signa*.

Figurons-nous, à présent, et, sans entrer dans des considérations trop géométriques sur des mouvements déjà suffisamment compliqués de la sorte ; figurons-nous déjà, pour simplifier et asseoir soudain nos idées, qu'une *courbe continue* enveloppe ces lignes coudées et polygonales, que je viens de dire; en touchant graduellement chacun de leurs angles (une courbe *osculatrice* des géomètres, en un mot), et nous aurons toute faite, la notion exacte, des progrès et des *allures diverses* (qu'on me passe ce terme) de toutes les courbes imaginables ; nous pourrons dès lors les classer, et les étudier avec soin, et un discernement méthodique : ce grand aide pour faciliter ce qui est laborieux et compliqué ; inabordable en apparence.

Pour y mieux réussir, n'oublions pas que toute progression curviligne se compose d'un *mouvement en avant, combiné avec une, ou plusieurs impulsions de côté :* ce sont ces deux, ou mieux, ces plusieurs *mouvements coordonnés*, que les géomètres, pour leurs usages, expriment par des lignes qu'ils nomment par ce dernier adjectif: les distinguant en *ordonnées* et *abscisses* ; relativement à l'*axe* ou au *pôle*, (direction générale ou but unique) de la courbe.

Maintenant, afin de sortir le plus possible du vague et du suspensif des théories, pour passer tout de suite à l'utile de l'application ; si ce *mouvement en avant, et cette impulsion latérale, sont absolument égaux,* la courbe parcourue sera froide et *compassée* : quelle que soit la *ligne normale* à laquelle ces Puissances auront obéi. Dans ces cas l'on aura la beauté des épures, et des planches de géométrie, ou d'astronomie générale : mais nous sommes là, comme on le voit bien, loin des beaux-arts.

J'expliquerai tout à l'heure ce que j'entends par *ligne normale*, dans un système de mouvements : revenons à nos courbes simples.

Si au contraire, la proportion de ces Puissances qui dessinent la route ondulée du corps en mouvement, est autre que l'égalité ; il ne sera, ce me semble, pas difficile de pressentir, qu'un élément tout vital et tout *intentionné*, va s'introduire parmi les autres éléments. passablement matériels encore ; ou du moins tout automatiques et d'un mécanisme servile. J'entends parler du *Rhythme* et par conséquent *du temps* : car le Rhythme n'est autre chose que le *nombre en mouvement,* si l'on préfère le *mouvement en nombre,* ou si l'on aime mieux *la périodicité régulière, et mesurée sur un seul type numérique*.

Une fois la sensation du *temps* et de la *succession* introduites dans les choses fixes, et monumentales ; il est aisé de s'apercevoir combien le cadre vivant des corps plastiques s'enrichit et s'étend : rien n'y manquera plus que l'infini. Car tel est l'homme ; donnez-lui plus, il demande davantage encore ! et rempli de jouissances, il est inhabile à s'en rassasier : sa soif au contraire s'en augmente ; il aspire après cet infini que la nature, flatteuse déceptrice, lui promet sous les traits aimablement rêveurs de l'*indéfini*, du *vague* quelquefois, et des silencieuses ténèbres. N'était-ce pas donc des créatures que tout cela ? c'est-à-dire, un des mille reflets de l'infinité de l'Artiste divin ?

Cette pensée, qui n'apparaîtra peut-être à quelques lecteurs que comme une brillante hyperbole ; sera démontrée bientôt comme un simple problème de triangles rectilignes ; ou mieux, comme le reste *d'une soustraction de quantités inégales ; savoir de l'âme, et le positif de la matière, en présence, et en contact*.

DE LA LIGNE NORMALE DES COURBES DU DESSIN.

Nous sommes en droit de considérer désormais *les lignes courbes, dans les beaux-arts,* comme autant de mouvements ; ou plutôt comme *les traces d'autant de mouvements d'âme, rendus sensibles,* restés visibles sur la toile, le marbre, sur la scène, sur le sol. Nous nous rapprocherons donc de cette pensée, désireux de sortir de la sphère un peu aride des mathématiques.

S'il en est effectivement ainsi de toutes ces lignes si diverses ; comme ce qui précède, semble l'avoir prouvé abondamment ; alors les mouvements de *premier plan*, les rapports apparaissant les premiers ; pourront, comme dans l'âme humaine, être produits par d'autres mouvements reculés sur les arrière-plans, et plus ou moins cachés dans les profondeurs de la pensée ou du sentiment.

Je m'explique.

Une démarche de l'homme est d'ordinaire le résultat d'une volonté : cette volonté est un acte qui émane de quelque affection bonne ou mauvaise, hostile ou amie ; à son tour cette affection proviendra d'un instinct, d'une habitude, de l'éducation, de l'organisation ; que sais-je ?... en un mot, de la nature actuelle et entière de cet homme ; laquelle commande à la fois ces mouvements divers, les nuance et les colore de ses propres sympathies ; les modifie en leur communiquant quelque chose de ses forces intrinsèques.

On voit d'ici l'enchaînement et le développement graduel des conditions de l'acte dont je parlais, et qu'il s'agit de reproduire, ou de retrouver dans des expressions plastiques.

Or, il en est exactement de même dans les mouvements extérieurs; et proportion gardée de la différence de leurs objets : tout marche, tout s'accomplit d'un côté comme de l'autre.

Les penchants, les habitudes qui dirigent l'âme dans une circonstance donnée et la déterminent à agir d'une façon plutôt que d'une autre, sont à l'âme, ce qu'une *ligne tracée* à l'avance (notez ici cette locution) est à un mouvement *dirigé par cette ligne*. Ainsi :

Supposons le balancier d'une pendule en mouvement : sa lentille abandonnée à elle-même, décrit une portion de cercle. Mais si le fil qui soutient cette lentille suspendue, rencontrait en oscillant quelque obstacle, par exemple, un clou fiché dans le mur, un peu au-dessous du point de suspension, comme en *c*.

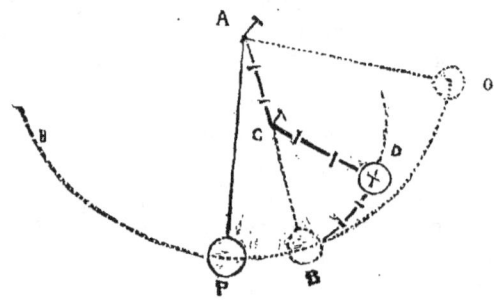

Le fil *a c b* à la rencontre du clou *c*, sera forcé en se balançant de décrire autour du clou *c*, un arc de cercle plus petit, à partir du point *b* : il ira avec sa lentille osciller en *d* ; au lieu que si le clou ne s'était pas rencontré sur leur route, ils eussent achevé le même arc *b o* comme ils venaient de faire, depuis *z* en *b*.

Voilà un mouvement devenu *angulaire* et *brusque* ; le mobile ayant changé, de courbe et de direction, tout à la fois.

Maintenant, qu'au lieu d'un seul obstacle de la sorte, le fil susdit en rencontre une suite; comme lorsqu'il est maintenu entre deux lames courbes (1), il sera contraint de se plier le long de celles-ci, de

(1) On remarque cela quelquefois encore dans d'anciennes pendules, où le profond Huyghens avait trouvé moyen, par cet ingénieux mécanisme, d'intro-

s'accourcir successivement d'autant : il est clair que dorénavant ce n'est plus son premier arc de cercle, ni aucun autre qu'il ira décrire, mais une autre courbe, très-différente, comme on le voit aisément dans cette figure.

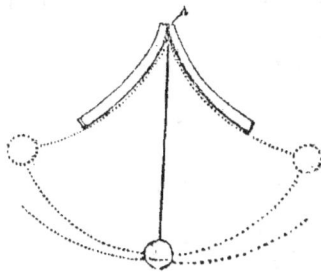

Autre supposition.

Si une ligne droite fixée par un bout, est mise en mouvement par l'autre bout, cette extrémité libre décrira, comme tout le monde le sait, un cercle parfait.

Mais si le bout fixé, tournait (comme font les moulinets d'artifice), au bord d'une roue elle-même en mouvement ; il est clair que l'extrémité mobile de la droite ainsi attachée au cercle mobile, ne tracerait plus du tout un cercle autour de cette roue qui l'entraîne ; mais bien une espèce de feston à nœuds, que les géomètres ont nommé *Épicycloïde* (1).

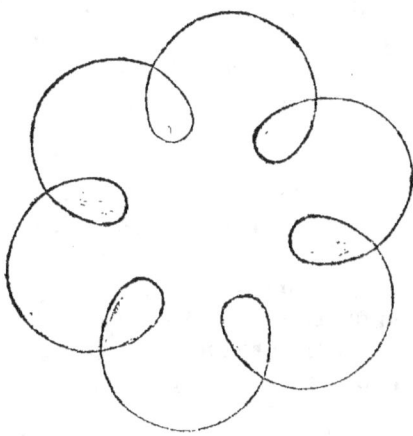

duire la cycloïde, cette si remarquable courbe, désespoir et miracle de la géométrie. La cycloïde ici donnait au balancier un mouvement rigoureusement égal et toujours régulier.

(1) C'est la route que décrit la lune tournant autour de la terre, tandis que celle-ci évolue autour du soleil.

Ces exemples paraîtront fort éloignés de notre sujet aux personnes qui, en les lisant, ne songeront pas que notre main, quand elle tourne, le bras étant lui-même en mouvement; décrit précisément une portion de l'épicycloïde que je viens d'indiquer.

Ces dernières courbes qu'à cause de leurs proportions infinitésimales, la géométrie classe parmi ses *lignes transcendantes*, échappent à l'analyse rigoureuse, et rentrent dans le domaine mystérieux de l'incommensurable. Mais aussi, grâce à la simplicité des tableaux que les beaux-arts se proposent de rendre, en relief, ou en plate peinture : nous n'aurons pas autrement à nous en occuper, que nous ne venons de faire; et ce, pour que l'on puisse une bonne fois se rendre raison de la théorie, qu'il importe de bien comprendre toute entière, pour espérer de l'appliquer convenablement.

Or les mouvements, les penchants, les habitudes contraires ou accessoires aux mouvements primitifs, à ceux du simple instinct, viennent précisément faire dévier d'une manière analogue, ces directions primitives et simples : leur résultat, dès lors pourra se retrouver, par une étude réfléchie et remontant aux origines : il pourra se pressentir, se goûter : par le sentiment, par le tact, par l'habitude de s'observer soi-même, en de pareilles circonstances.

Les changements mécaniques et moraux que nous venons de voir s'introduire dans les directions primitives ou instinctives du mouvement de nos figures, peuvent, on le comprend assez, peuvent y être apportés par l'âme elle-même de la personne représentée en action, ou bien par une cause hors d'elle; comme par un événement physique, ou l'intervention de quelque autre personne agissant par rapport à elle.

Dans le premier de ces deux cas, nous avons ce que nous appelions tantôt l'*intentionné*; dans l'autre c'est la *surprise*, l'*interrompu*, le *troublé*, l'*entraînant* qui se manifestent dans les directions accessoires et nouvelles dont j'énumère ici les auteurs, les agents.

Pour préciser quelque peu toute cette si vaste doctrine, et le tirer quelque peu du domaine trop vague des apparences; nous dirons, je tâcherai de dire, le principe qui commande alors ces *directrices normales*, si diverses.

Considérée dans l'individu seul, absolument seul avec lui-même, l'*action accessoire* matérialisée dans les exemples susdits par les clous et lames métalliques de nos cycloïdes et autres courbes, partent des centres actifs et vitaux du corps humain : la tête, le cœur, (la poitrine, le sein), les entrailles (le plexus nerveux de l'estomac, *plexus solaire*) ou l'épigastre, l'ombilic.

Et voilà pourquoi les angles et cercles, ces étonnantes *normales* des statues et figures antiques, se rencontrent toujours à ces points centraux, et en partent; dans leur si rigoureux, si gracieux développement.

Voilà pourquoi (et les physionomistes philosophes ou anatomistes, me comprendront bien), pourquoi, dis-je, la physionomie partage ses données infinies, sous ces trois grandes divisions de l'humanité : penser, aimer, sentir; ou si vous aimez mieux, entre l'Ange, l'Homme et l'Animal... devenant, hélas! souvent..... brute : ce qui n'est pourtant pas généralement la même chose.

Dans les mouvements, toutefois, dépendant de la tête, ou mieux, découlant du cerveau; comme source directe, ou du moins ostensible ; il doit se trouver naturellement, une multiplicité bien autre que dans les tendances partant des deux autres centres indiqués. Plus en effet nous nous élevons dans la nature, et plus les rapports se multiplient, s'agrandissent, se subtilisent; plus s'étend le vaste *horison visuel* de l'Univers. L'homme a peu de sensations, plus de sentiments, et combien d'idées !

Aussi faut-il à ces dernières de bien plus nombreux *organes pour les servir*, aurait dit M. de Bonald, et disait avant lui le fondateur de la science du cerveau et de son diagnostic, Gall. Ainsi de longs siècles avant lui, le pratiquaient sans le savoir peut-être (1) TOUS les statuaires, TOUS les artistes de l'antiquité (2).

C'est-à-dire, que c'est vers les organes du cerveau, ou du moins vers ses *régions* diverses, que l'artiste doit tourner les yeux, s'il veut trouver les *centres actifs* de ces directions si sensibles, il est vrai, si bien ressenties; mais aussi, par malheur, si peu explorées jusqu'à présent. Je dois renvoyer à ce sujet au grand ouvrage de Gall, là

---

(1) Nous avons vu, je crois, une tradition dans les écoles plastiques des anciens, relativement à la pose, l'attitude, le draper et le grouper de leurs figures : il est difficile de se persuader qu'ils n'eussent point de *loi* pour se guider dans ce sentier bien plus obscur, et certes tout autrement ardu. L'on me dira, comme feu le Dr Gall, à ce même propos (Paris 1819), que les sciences *commençaient par* la simple mais consciencieuse *observation*, continuaient par des *systèmes*, et *revenaient*, dans leur perfection, aux résultats observés, mais cette fois, raisonnés par la science : cela est, je crois, profondément vrai ; mais ici, cette marche supposerait peut-être, une observation tellement prolongée, tellement généralisée, quil est difficile de l'admettre, dans les Grecs, par exemple, avec leur courte existence et leur peu d'extension cosmopolite : sans m'appuyer pour cela, du dire fameux de ce Tartare (Scythe), d'Anacharsis (*).

(2) Lavater que Gall a mis à profit, sans le citer ; hélas! aussi en le dénigrant! tous les vrais et dignes disciples de ce dernier, recommandent grandement, et comme *moyen de découvertes* à faire, l'étude des têtes antiques. Il est constant, que rien n'est plus exact en ce genre, rien ne l'est autant : et cependant l'anatomie ne semble point leur avoir rien appris ici !

(*) « Vous autres Grecs êtes toujours enfants ! »

où il traite de la *mimique*; non pour que le lecteur y trouve une doctrine complète et directement applicable à ses études artistiques; mais pour qu'il y puise des lumières et la juste idée de ce que je ne puis qu'indiquer ici, ni ailleurs; guide grossier et ignorant, incapable de dire autre chose, si ce n'est comme les bourgeois de cette fameuse et fabuleuse Troie, après la retraite simulée de ces mêmes Grecs :

Hic dolopum manus, sævus *hic* tendebat Achilles;
Classibus *hic* locus, *hic* acies certare solebant.

Les *normales de ces courbes passeront* donc nécessairement *par les points où les membres en mouvement, étaient arrivés; pour aller se porter vers les régions voulues, des trois grands organes de la vie,* que je disais.

Mais *lorsque l'homme* n'est plus isolé en lui-même; lorsqu'il *porte quelques-unes de ses facultés vers un objet hors de lui : là s'établit un but, un point vers lequel la normale* susdite *doit s'allonger et s'étendre; et, se terminer, si cet but est* en effet *le terme de son action présente : sinon,* elle ne fait que *s'y arrêter* quelque peu, et comme le sens musical, dans une phrase qu'interrompt une cadence incomplète, rompue ou évitée.

Voilà encore une fois, pourquoi les *cercles,* tant cités déjà, dans les compositions antiques, passent par les *centres* principaux de tous les accessoires de ces compositions; ainsi que nous l'avons vu dans la première partie de cet opuscule.

Si je ne me trompe, l'application de ces principes, constitue leur seule difficulté : les planches de cet ouvrage serviront, je pense, à les faire à peu près disparaître toutes. Mais j'ai à expliquer les *normales dans un système entier de mouvements* (dans une composition entière, conçue d'un seul jet) je vais tâcher de tenir parole : ce sera la tenir en effet.

Lorsque l'on examine les réseaux de mes cercles classiques, l'on n'entrevoit pas qu'ils soient liés différemment, dans une composition que dans une autre : à moins que l'on ne prenne la peine *d'unir leurs centres les plus employés, par des droites.* Ces droites deviennent les *axes des figures,* et autour de ces axes, se rangent en effet, comme autant *d'essieux* secondaires, les droites qui dessinent grossièrement les membres moins importants de ces figures, ainsi que les *accessoires* dont nous avons parlé, dans un chapitre spécial (première partie, CHAP. VI et quelque peu CHAP. V.

Ces axes divers, *liés* ensemble *par une courbe qui les embrasse entièrement, dans leurs divers changements de direction;* donnent précisément la trace de la COURBE NORMALE de *toute la composition,* dont il s'agit d'étudier l'ordonnance, et partant le mérite. Le *caractère de cette ligne,* je veux dire son ampleur, sa rigidité, sa mollesse, sa simplicité, ou sa complication; sa direction générale en haut, en avant, en bas, en arrière... doivent pouvoir s'expliquer, se justifier, se comprendre entièrement, par l'intention finale de l'artiste; par les tendances combinées des *normales* de chaque figure; par le genre de la composition, respectivement, grandiose, sévère, voluptueuse, sereine, ou tourmentée, élevée, hardie, abattue, concentrée......

Mais! je donne des leçons de tout ce que j'ignore... et ce sont mes maîtres que j'entends endoctriner...!

DU PARALLÉLISME ET DE LA PONDÉRATION.

Échappons-nous donc par ce côté quelque peu plus matériel, plus mesurable; et... mais sans toutes ces excuses d'amour-propre, achevons avec bonhomie ce qui fut commencé en toute simplicité.

L'ORDRE n'est autre chose que le résultat d'un *mouvement régulier;* RÉGULARITÉ, c'est *égalité de temps et de proportions;* PROPORTION, c'est *grandeur et harmonie;* HARMONIE, c'est *unité de mesures et de nombres;* MESURE c'est le *choix d'un type unique pour la grandeur.*

Nous n'avons donc point d'ordre possible sans *nombre et mesure commune;* sans SYMÉTRIE.

Or, le premier ordre possible, concevable; le plus simple et le plus élémentaire de tous, est évidemment *la combinaison :* ou strictement parlant, l'ensemble de choses ayant pour *mesure commune* (étalon, module, échelle, tout comme on voudra) le plus simple des nombres, à savoir *deux :* car l'unité n'est pas nombre : mais l'élément premier du nombre ; c'est *solitude :* tandis que *nombre est nécessairement multiplicité.* — Par la même raison, la plus simple des *symétries* est la *symétrie binaire,* ou le PARALLÉLISME ; et tous leurs multiples, quatre, huit, seize, leurs *octaves* diraient les musiciens, et ce avec plus de justesse, que peut-être on ne le pense.

Au contraire, la *symétrie riche, variée,* s'empare des *nombres impairs,* trois, cinq, sept, neuf, et leurs doubles (parallèles), etc.

La *symétrie profonde, affecte les incommensurables:* nous en avons touché un mot, à propos de la *diagonale sur le pied,* quand nous avons exposé les proportions de l'Antique.

Forcé de passer légèrement sur ces données si vastes en applications, et en conséquences : je ne puis que les indiquer, comme la source du beau dans l'architecture, et des diverses espèces de ce beau. Les artistes (sculpteurs, architectes, peintres, qui ne sont pas tailleurs de marbre, bâtisseurs et barbouilleurs savants de toiles grises et blanches, fauves ou dorées); les artistes me comprendront assez.

Mais pour revenir, en finissant, à notre sujet principal; les *ordonnatrices normales* d'une composition, demandent, selon le sujet de celle-ci, comme selon la manière de le traiter ; demandent, à avoir quelque chose de ce parallélisme ; et comme leur objet, n'est pas seulement *un plan*, comme c'est le cas dans l'architecture : mais des personnages se mouvant sur ce plan en première, seconde, et dernière ligne de ce plan : ils réclament un autre genre de symétrie, et c'est l'ÉQUILIBRE, mal à propos confondu de nos jours, avec la *pondération*. Celle-ci n'est autre chose que l'*équilibre et la symétrie, dans la pesanteur ;* symétrie laquelle n'est pas, dans tous les sujets au moins, le synonyme d'égalité : non plus qu'ailleurs elle n'est pas toujours la contre-épreuve, inverse du premier de ses membres mis en scène. — Nous n'aurions que le *roide*, le *compassé*; le genre des *jardins français*, c'est-à-dire, nullement jardins : mais de vraie maçonnerie faite avec des arbres, du bois, des ifs des tests et du sable.

L'*Équilibre* existe partout où rien ne porte à faux, où rien *n'est isolé*, où rien n'est annoncé en vain, attendu sans paraître ; là où les efforts sont exactement proportionnés aux résultats, les choses à l'espace, les mouvements au local, les beautés aux beautés, la lumière aux ombres (le clair-obscur). Que si votre but doit être d'entraîner vers un point ; de nous fixer à une figure ; d'idéaliser un objet : alors, oh! oui, rompez l'équilibre, et offrez-moi une pente qui en effet, m'entraîne, me pousse ! servez-vous de ce manque d'équilibre, pour *repousser* vos figures sur de *seconds plans* indéfinis ! à la bonne heure ! Vous créerez un *équilibre moral*, s'il est permis d'ainsi parler ; vous exciterez en moi spectateur une délicieuse recherche de ces intentions-là, de ces *courbes directrices et normales* si savamment conduites, si sagement mises en saillie, ou fléchies dans l'ombre : je les suivrai avec cette volupté qui naît de la grâce dans les mouvements, de l'élégance dans les allures, de la richesse dans les créations ; de cette unité qui jaillit grande, variée, inattendue ; si vraie, pourtant, si naturelle : qu'elle ne vous permet que ces deux mots : *admirable !...* C'EST CELA ! et... le silence.

On a omis dans l'énumération des sources antiques discutées dans cet ouvrage, *la Collection des Pierres gravées antiques*, Paris, 1738, 2 vol. in-4º (205 figures).

FIN.

TABLE

Préface. 1
Apertissement sus les planches. IV

PREMIÈRE PARTIE.

DE LA GRACE, DES PROPORTIONS ET DE L'UNITÉ DANS L'ART ANTIQUE.

Chap. I. — De la géométrie dans l'art antique. 5
Chap. II. — De l'unité de mesure dans l'antique. 10
Chap. III. — Remarques préliminaires sur les proportions dans l'antique. 13
Chap. IV. — De la pose et des attitudes des figures. 17
Chap. V. — De la coiffure, des draperies et des attributs. 20
Chap. VI. — De quelques accessoires étrangers aux figures. 22
Chap. VII. — Du groupe et de la distribution des figures. 33
Chap. VIII. — De la loi géométrique, base de la statuaire et de l'architecture. 35

APPENDICE.

Décroissement apparent des colonnes selon la position et l'éloignement du spectateur. 39
Sur le pas humain, comme module d'architecture. 40

SECONDE PARTIE.

Considérations sur les lignes ordonnatrices dans les arts dérivés du dessin, ou de la sculpture. 43
Idée des Courbes en particulier. 47
De la ligne normale des courbes du dessin. 49
Du parallélisme et de la pondération. 55
Explication des figures. 57

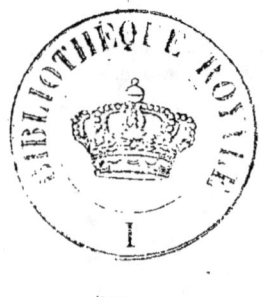

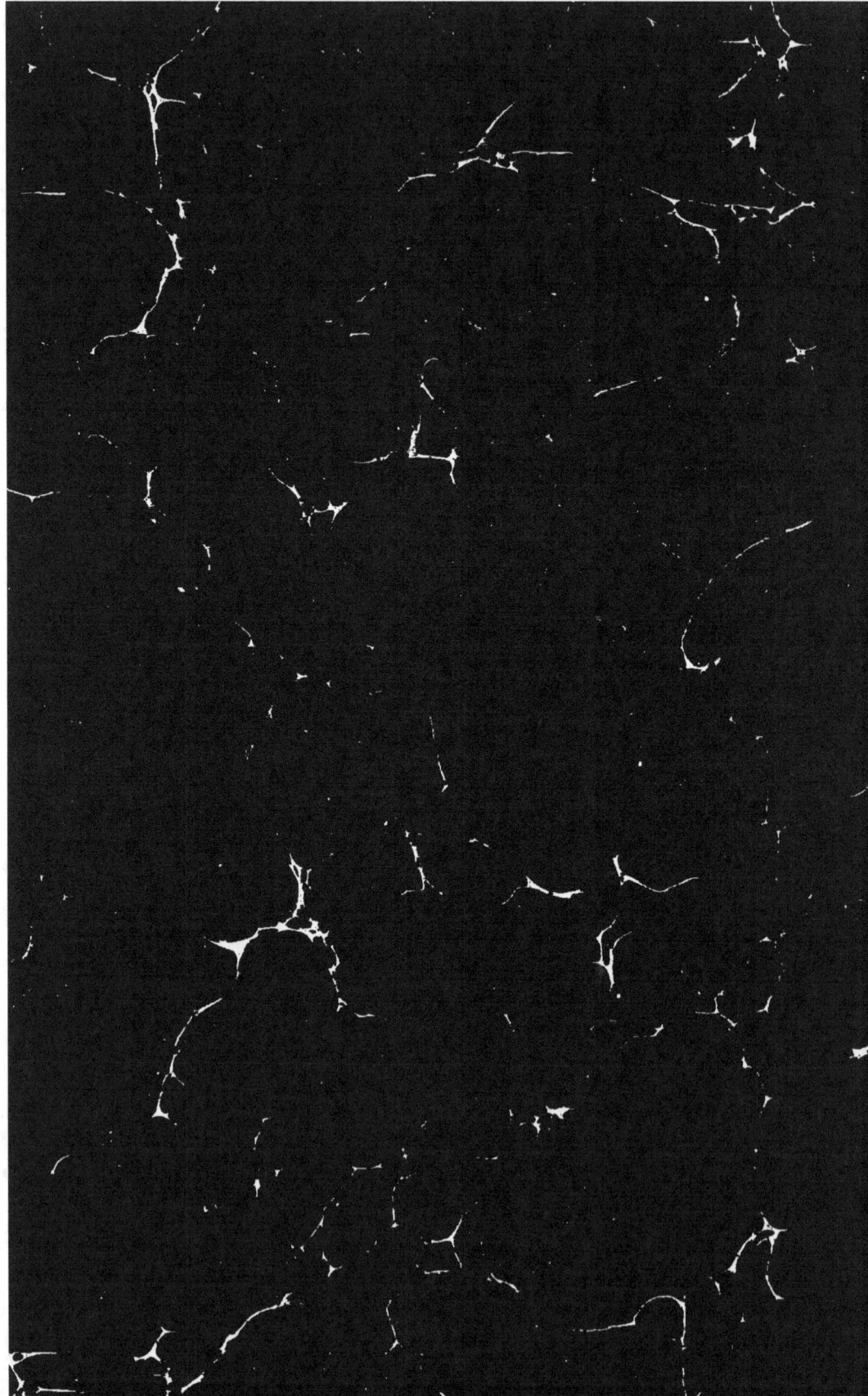

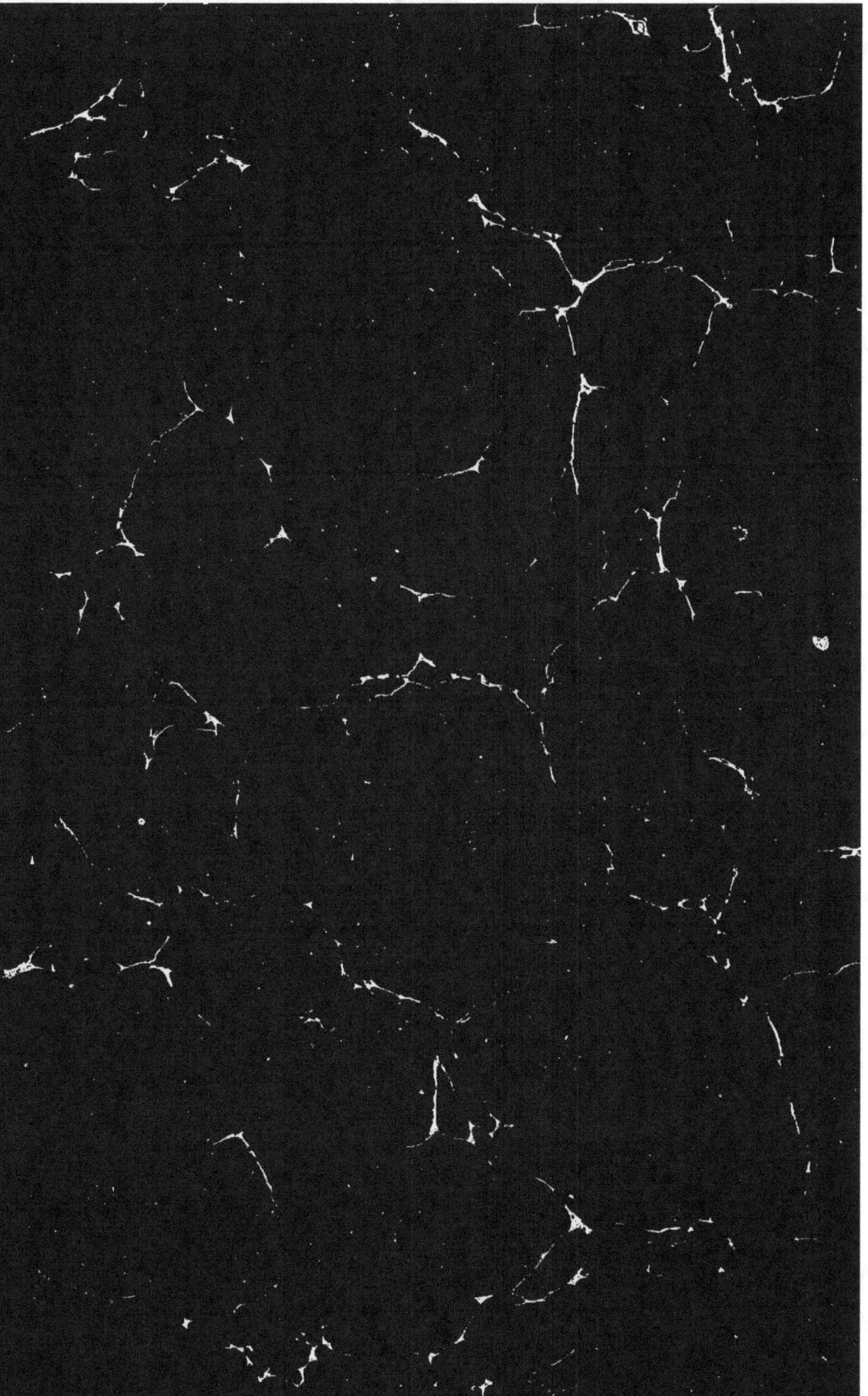

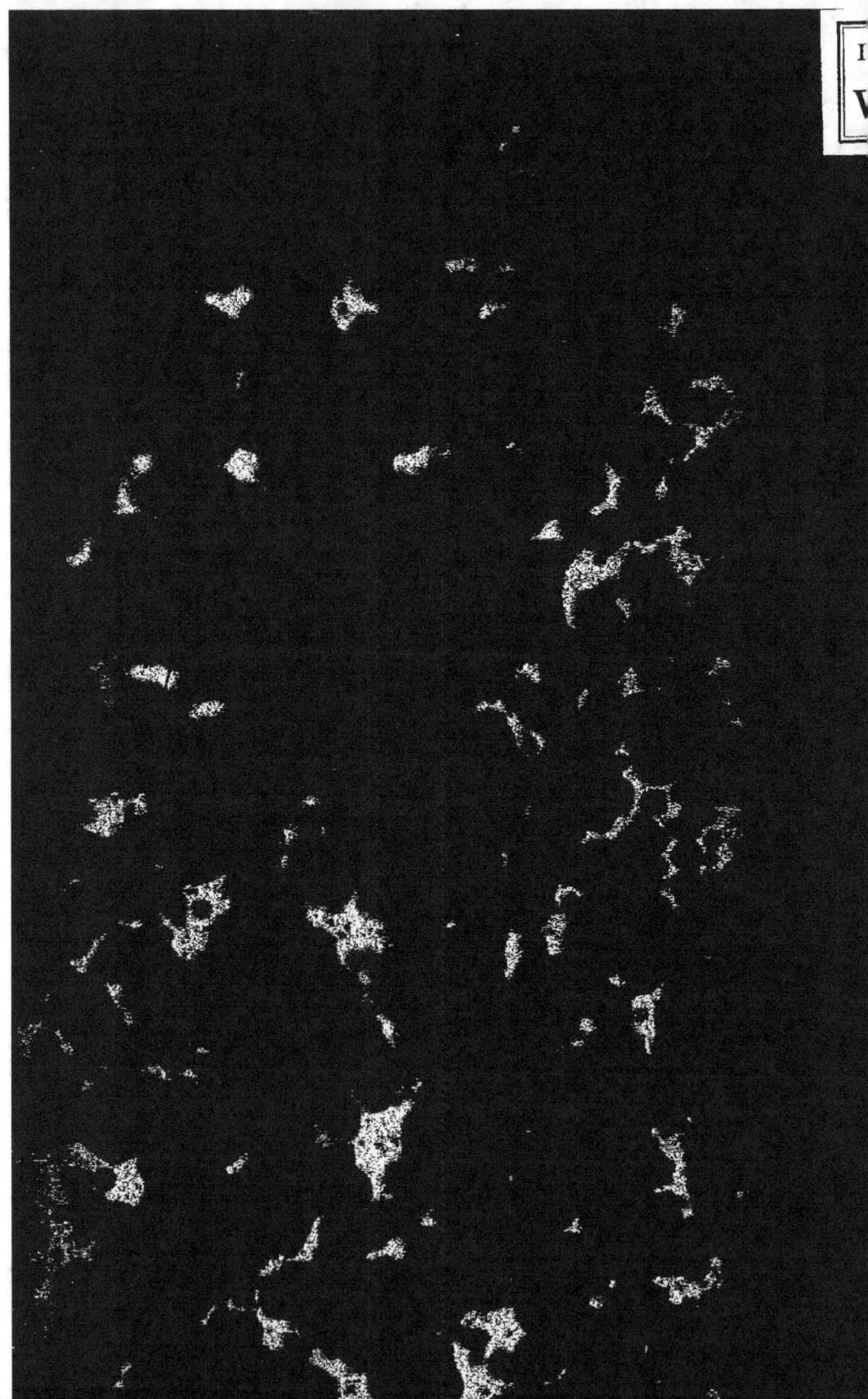

www.ingramcontent.com/pod-product-compliance
Lightning Source LLC
Chambersburg PA
CBHW030048230526
45471CB00003B/991